MÉMOIRE

INTITULÉ :

LA RANÇON DU DUC DE BOURBON JEAN Ier

(1415 — 1436).

EXTRAIT DE LA IIᵉ PARTIE DU TOME VIII

DES MÉMOIRES PRÉSENTÉS PAR DIVERS SAVANTS

À L'ACADÉMIE DES INSCRIPTIONS ET BELLES-LETTRES.

MÉMOIRE

INTITULÉ :

LA RANÇON DU DUC DE BOURBON JEAN Ier

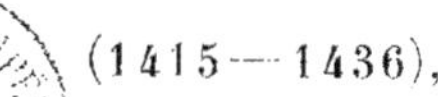

(1415 — 1436),

PAR M. HUILLARD-BRÉHOLLES,

MEMBRE DE L'INSTITUT.

PARIS.

IMPRIMERIE IMPÉRIALE.

M DCCC LXIX.

MÉMOIRE

INTITULÉ :

LA RANÇON DU DUC DE BOURBON JEAN Ier

(1415 — 1436).

La captivité et la rançon du roi Jean ont été l'objet de plusieurs travaux intéressants, et ont mérité notamment d'occuper les loisirs d'un prince ami des belles-lettres et des bons livres. Mais la captivité et la rançon d'un autre Jean, le duc de Bourbon, Jean Ier, n'ont jusqu'ici attiré l'attention de personne. Cependant, si l'histoire de la rançon du roi Jean abonde en détails curieux sur l'état de la société après la bataille de Poitiers, celle de la rançon du duc Jean n'est pas moins féconde en renseignements sur la politique et les mœurs après la bataille d'Azincourt. Je dois le dire à l'avance : c'est là un des plus tristes épisodes du drame lugubre qui se joue au xve siècle. Si j'entreprends de raconter, d'après des documents presque tous inédits, ce fait si peu ou si mal connu, ce n'est pas pour le vain plaisir d'ajouter un feuillet de plus au compte, déjà si lourd, des défaillances et des fourberies humaines. Mais, comme, pour bien juger l'ensemble des événements, il convient de ne négliger aucun détail, l'historien use d'un droit et remplit même un devoir, quand il met en relief des faits, accessoires il est vrai, mais qui achèvent de peindre les mœurs et le caractère d'une époque.

Le XVe siècle, il faut le reconnaître, est le temps où la ruse et le mensonge sont le plus ouvertement pratiqués comme moyens de gouvernement. Au commencement de ce siècle, la force brutale a donné toute sa mesure dans la lutte sanglante des Armagnacs et des Bourguignons; puis la violence cède la place à la dissimulation, qui devient la règle, non-seulement des intérêts privés, mais encore des relations internationales. Aussi trouverons-nous les négociations relatives à la rançon du duc Jean conduites avec une duplicité qui n'est que le reflet des mœurs publiques. On y verra un prince, peu soucieux du véritable honneur, toujours prêt à racheter sa liberté par une trahison envers sa famille et ses sujets, et une grande dame honnête, mais d'esprit borné, trahie et volée par des diplomates d'occasion. Deux gouvernements figurent tour à tour dans cette affaire, le gouvernement anglais et le gouvernement florentin, et tous deux encourent justement le reproche de cupidité et de mauvaise foi. Au point de vue particulier de l'histoire du droit des gens, cette étude contribuera aussi à montrer à quels excès pouvait conduire la vieille loi du rachat des captifs à prix d'argent, usage immoral, que la révolution française a pu seule faire disparaître du droit public des nations chrétiennes. Pour la rançon d'un seul homme, des sommes énormes, prélevées sur les besoins de peuples déjà ruinés, sont englouties sans profit pour eux, sans profit même pour celui qu'il s'agit de délivrer. Le captif meurt dans sa prison, sa

femme succombe à la douleur d'avoir été prise pour dupe,
son fils réclame l'argent extorqué et ne peut rien obtenir. Tel
est le fond de ce lamentable récit, qui se divise naturellement
en deux périodes : celle des négociations directes du
duc Jean avec le gouvernement anglais, et celle des négociations
indirectes de la duchesse sa femme avec la république
florentine. Il embrasse un espace de vingt ans, de 1415 à
1435, depuis la bataille d'Azincourt jusqu'à l'établissement
définitif du pouvoir des Médicis à Florence.

Jean, premier du nom, duc de Bourbonnais et d'Auvergne,
comte de Clermont et de Forez, sire de Beaujeu, pair et
chambrier de France, était fils de ce Louis II qui, au milieu
des troubles du règne déplorable de Charles VI, avait su ménager
ses peuples et garder une ligne de conduite honorable et
droite. Lorsqu'il succéda à son père en 1410, Jean ne se fit au
contraire remarquer que par une politique versatile et par des
fanfaronnades chevaleresques. N'étant encore que comte de
Clermont, il avait demandé un sauf-conduit pour aller au delà
du détroit combattre en champ clos Thomas de Clarence, fils
du roi d'Angleterre; puis, en 1412, il avait conclu étourdiment
avec ce même roi et ses fils, en son nom et au nom des
ducs de Berry et d'Orléans, une alliance qu'il rompit aussitôt
avec non moins de précipitation [1]; ce qui lui attira de
la part de Clarence une sommation et une admonestation

[1] L'ordre adressé par le roi Charles VI
au duc de Berry d'avoir à renoncer à l'alliance anglaise est du 21 juillet 1412, et
l'ordre semblable adressé au duc d'Orléans est du 22 août suivant. (*Lettres de
rois, reines et autres personnes*, publiées par
M. Champollion-Figeac, t. II, p. 328. —
*Choix de pièces inédites relat. au règne de
Charles VI*, publiées par M. Douët d'Arcq,
t. I, p. 352.) La renonciation des princes
porte la date du 22 juillet et leur réconciliation avec le duc de Bourgogne
se place en août et septembre (traités
d'Auxerre et de Melun). Cependant on
trouve, à la date du 14 novembre, un
nouvel acte de fraternité d'armes entre
Thomas, duc de Clarence, et Charles, duc
d'Orléans. (*Choix de pièces, etc.* t. I. p. 359.)

publiques[1]. Le prince anglais ne se contenta pas de témoigner ainsi son mécontentement; il exigea et sut obtenir une indemnité pécuniaire considérable pour les frais de l'expédition préparée par lui en vue de soutenir les princes français qui l'avaient appelé contre le duc de Bourgogne[2].

Bientôt après le duc de Bourbon se signala par une manifestation bizarre, qui nous donne la mesure de son humeur batailleuse et de son goût pour le faste et les aventures. Le 1er janvier 1415, il voulut créer un nouvel ordre de chevalerie, composé de treize chevaliers et de trois écuyers, dont il eût été le chef. Tous s'engageaient à porter, en l'honneur

---

[1] « Vous requérons touz et chacun par soy, sur la foy, loialtée de vos personnes et le serment que vous devez à tout gentillesse et pour éviter tout reprouche en tout en fait de noun et d'armes que l'en vous en pourroit mettre sus, que vous touz et chacun en droit soy, vuillez accomplir et enteriner roialment et de fait à nostre très-redoubté seigneur et à nous ce que de par vous luy a esté promys et juré, et selon que vous en estes à luy obligez, *tielment que par vostre défaute on n'ait cuuse de faire ne dire plus avant de ce qui appartient à tiel cas.* » (*Lettres de rois et reines*, t. II, p. 331.)

[2] Voici la série des principaux actes qui se rapportent à cette affaire : 1411, 21 septembre, lettre missive de Charles VI aux Flamands de la compagnie du duc de Bourgogne pour les remercier de l'aide qu'ils lui ont donnée contre les rebelles, les ducs d'Orléans et de Bourbon, les comtes d'Alençon et d'Armagnac, « qui se sont vantez faire nouveau roy. » Original à l'hôtel de ville de Gand; *chartes confisquées*, n° 503.) — 1412, 15 octobre, procuration donnée par Jean, duc de Berry, Charles, duc d'Orléans, et Jean, duc de Bourbon, à Guillaume de Tignonville et autres personnes pour traiter avec Thomas, duc de Clarence, et les seigneurs anglais venus en France servir les princes, des sommes qu'on devra leur payer. — 14 novembre, état de répartition d'une somme de deux cent dix mille écus promise au duc de Clarence et à d'autres seigneurs anglais par les ducs de Berry et de Bourbon. — Même date, traité par lequel une certaine somme est accordée aux Anglais venus en France avec le fils du roi d'Angleterre pour soutenir le parti des ducs d'Orléans et de Bourbon contre le duc de Bourgogne. — 1413, 5 septembre, déclaration du roi portant que Jean, duc de Bourbon, et les autres princes seront rétablis dans leurs honneurs et dignités. — 1414, 18 avril, procuration du duc de Clarence pour recevoir en son nom les sommes dues en exécution du traité conclu entre lui et le duc d'Orléans. (Tardif, *Inventaire des cartons des rois*, n° 1882, 1885, 1887.)

de leurs belles, chaque dimanche, durant deux ans, à la jambe gauche, un fer de prisonnier pendant à une chaîne d'or, jusqu'à ce qu'ils eussent rencontré pareil nombre de chevaliers et d'écuyers « de nom et d'armes sans reproche » qui voulussent les combattre à pied « jusques à outrance. » Un des articles de cet engagement, ou pour employer le langage du temps, de cette *emprise*, était ainsi conçu : « Et serons tenu « nous, duc de Bourbonnois, quand nous irons en Angleterre, « ou devant le juge qui sera accordé, de le faire sçavoir à tous « ceulx de nostre compaignie qui ne seroient par deçà, et de « bailler à nos dits compaignions telles lettres de monseigneur « le Roi qui leur seront nécessaires pour leur licence et congé [1]. » Le désir qu'avait le duc de rendre les Anglais témoins de ses prouesses allait se réaliser plus tôt et tout autrement qu'il ne l'espérait, et l'Angleterre, où il pensait se montrer en vainqueur, devait être à la fois sa prison et son tombeau.

Henri V venait de monter sur le trône. La guerre se ralluma presque aussitôt entre les deux États, et Jean, en sa qualité de prince du sang et de grand officier de la couronne, fut un des principaux chefs de l'armée française. Avec sa présomption habituelle, il envoya au roi d'Angleterre en retraite sur Calais un message de défi [2]; mais, quand vint l'heure de la bataille, il ne réussit qu'à se faire prendre. La funeste journée d'Azincourt fut pour lui la dernière de sa vie militante. Vainement il se flatta que l'intervention d'un homme tel que lui et celle du duc d'Orléans, son compagnon de captivité, suffiraient pour rétablir la paix. Cette première tentative fut repoussée par les

---

[1] Douët d'Arcq, *Choix de pièces inédites*, t. I, p. 370.

[2] Aureliauensis Burbonque duces sua regi
Nuntia mittebant quod sibi bella darent.

Nulla dies, nullus locus assignatur ab illis.
Calesiæ fertur terminus atque locus.
(Elhami *lib. metr. de Henrico V*, p. 117, édition de C. A. Cole, Londres, 1858.)

conseillers de Charles VI[1], et Jean dut se résigner à passer avec son vainqueur en Angleterre. Le 24 novembre 1415, un mois après la bataille, Henri V faisait expédier de son palais de Westminster un sauf-conduit pour Gilbert, sire de Lafayette, et pour Pierre de Toulon, clerc, envoyés au prisonnier par sa femme la duchesse Marie de Berry, qui lui adressa en même temps des vêtements et des chevaux. On voit dans Rymer que des fauconniers avec des oiseaux de vol se rendirent aussi auprès du duc, pour lui procurer les nobles divertissements de la chasse.

Au mois de mars 1416, l'empereur Sigismond vint à Paris et offrit sa médiation entre les deux partis belligérants[2]. Il emmena même avec lui en Angleterre l'archevêque de Reims, pour négocier les préliminaires d'une paix, dont la première condition devait être la levée du siége mis par les Français devant Harfleur[3]. Le roi d'Angleterre promettait que, si l'on parvenait à ménager une entrevue personnelle entre les deux souverains, il amènerait avec lui jusqu'à Calais les principaux prisonniers d'Azincourt, à savoir les ducs d'Orléans et de Bourbon, les comtes d'Eu et de Vendôme, Arthur de Bretagne, le maréchal Boucicaut, les sires d'Estouteville et de Gaucourt[4]. Henri, comme étonné d'une victoire inespérée, n'en prévoyait

---

[1] « Qui duces consanguinei nostri postea « retulerunt ad hoc faciendum litteras quas « vestræ serenitati direxerant, *ipsam tamen* « *ad hoc non senserant inclinatum.* » (Manifeste de Henri V adressé à Charles VI, *Lettres de rois, reines et autres personn.* t. II, p. 362.)

[2] Sigismond entra à Paris le dimanche 1ᵉʳ mars 1416; il siégea le lundi 16 au parlement, où il créa et arma chevalier messire Guillaume Seignet, ancien sénéchal de Beaucaire.

[3] On sait que cette place, alors considérée comme la clef de la Normandie, était tombée aux mains des Anglais peu de temps avant la bataille d'Azincourt.

[4] *Chronique du religieux de Saint-Denis,* t. VI, p. 23. Remarquons, pour être tout à fait exact, que le sire de Gaucourt n'avait pas été pris à Azincourt, mais qu'il s'était remis entre les mains des Anglais à la suite de la capitulation d'Harfleur.

pas encore toutes les conséquences, et, quoiqu'il nourrît au fond du cœur les plus ambitieuses espérances, il se serait contenté pour le moment d'une paix avantageuse. Les conférences s'ouvrirent à Beauvais le 17 juillet. Mais, malgré les efforts du duc d'Anjou, qui voulait accepter les propositions transmises par l'empereur, le conseil, entraîné par le comte d'Armagnac, leur opposa une fin de non-recevoir. Henri V prétendit que des difficultés imprévues, soulevées par ses prisonniers au sujet de leur rançon, avaient fait échouer ses propositions pacifiques, et il s'en plaignit amèrement[1]. Sigismond ne se montra pas moins irrité, « et exprimant en termes hautains le peu de « cas qu'il faisait des liens de parenté et d'amitié qui l'unissaient « à la maison de France, il se déclara l'allié du roi anglais, et « s'engagea par un serment solennel à soutenir de tout son « pouvoir, tant qu'il vivrait, les droits légitimes de ce prince « sur la couronne de France[2]. » Le manifeste de l'empereur et son traité d'alliance avec l'Angleterre portent la date du 15 août 1416.

Tout en poussant avec activité les préparatifs d'une nouvelle expédition en France, l'habile Henri V ne renonçait pas à tirer parti de ses captifs, pour obtenir sans coup férir des bénéfices que les chances de la guerre pouvaient encore lui refuser. Aussi, dès le commencement de l'année 1417, il se prêta à de nouveaux pourparlers. Le duc Jean, Charles, duc d'Orléans, le sire d'Estouteville et Boucicaut étaient alors dé-

---

[1] « Quæ securitates et conditiones abs- « que assensu certorum dominorum capti- « vorum nostrorum et aliorum dominorum « de Francia in eodem regno nostro ad præ- « sens existentium, *qui hujusmodi securitates* « *et conditiones facere et perimplere pro posse* « *suo omnino renuunt et recusant,* tam regem « Romanorum quam nos pro viribus suis « *deludere et subdole defraudare machinantes,* « effectum debitum sortiri non potuerunt, « in præsenti. » (Rymer, *Fœdera et conventas,* IV, part. 11, p. 165.)

[2] *Chronique du religieux de Saint-Denis,* t. VI, p. 35.

tenus au château de Pontfrait, lieu sinistre par le souvenir de
la captivité et de l'assassinat du malheureux roi Richard II. Ils
s'entendirent pour proposer collectivement à Henri d'envoyer
en France Raoul de Gaucourt, avec la mission de négocier à
la fois leur délivrance et un traité de paix, s'engageant à payer
40,000 écus d'or, et à rester au pouvoir des Anglais si leur
fondé de pouvoir n'était point revenu au 31 mars. Le duc de
Bourbon ayant en outre demandé pour son compte personnel
à se rendre en France sur parole, les ministres de Henri con-
seillèrent à ce prince de ne point le laisser partir avant qu'il
eût remis ses deux fils comme otages et fourni des cautions
solvables pour une somme de 240,000 écus[1].

Cette négociation officielle couvrait une négociation secrète,
où se montre à nu le triste caractère du duc Jean. Sa captivité
a duré un an à peine, et nous allons le voir déjà disposé à
sacrifier au prétendant étranger les intérêts de la France et
l'honneur de la maison royale, à laquelle il appartenait de si
près. Avant le départ de Gaucourt, Henri V ayant exigé de ses
prisonniers l'engagement de le reconnaître pour leur souverain
seigneur, le duc d'Orléans avait répondu noblement, en son
nom et au nom de ses compagnons, « qu'ils ne le pouvaient ni
« ne le devaient faire. » Mais le duc de Bourbon, dans une entrevue particulière avec le roi, ne tint pas le même langage.
« Monseigneur, lui dit-il, depuis que Dieu nous a livrés entre
« vos mains, beaucoup de démarches en faveur de la paix ont
« été tentées; mais vous avez toujours désiré être reconnu au
« préalable comme légitime roi de France, et vous avez affirmé
« votre bon droit. Sur cela nous avons envoyé prendre des in-
« formations en France, et *en vérité nous en savons maintenant plus*
« *que nous n'en savions avant notre prise.* Quant à moi du moins,

[1] Rymer, IV. part. II, p. 188, 189.

« j'ose bien dire que je suis mieux instruit de votre droit qu'au-
« paravant. J'ai appris aussi que vous désirez avoir en France
« des terres et des domaines (il s'agissait des provinces cédées
« par la paix de Bretigny et en outre d'une partie de la Nor-
« mandie), et que, si vous les pouviez obtenir, vous renonce-
« riez spontanément pour le bien de la paix au droit que vous
« avez maintenant sur la couronne de France. Or moi, duc de
« Bourbon, je déclare que cette offre de votre part est juste et
« raisonnable, et qu'elle ne doit pas être refusée par celui que
« vous appelez votre adversaire de France. — Fort bien, dit le
« roi, mais si pourtant il refuse. — En ce cas, reprit le duc,
« nous serons quittes envers lui, moi du moins je me rendrai
« auprès de vous pour y rester cinq jours, suivant l'usage, après
« avoir laissé en mains sûres mes châteaux et mes forteresses; et
« en me présentant à vous, ce à quoi, Dieu aidant, je ne man-
« querai pas, je vous promets par la foi de mon corps de vous
« rendre hommage comme à mon souverain seigneur le roi lé-
« gitime de France, et je ferai en sorte que tout homme consi-
« dère votre droit comme évident. Toutefois je vous prie, Mon-
« seigneur, *de tenir cela secret jusqu'à mon retour, car autrement il*
« *y aurait là-bas trop grand péril pour moi* [1]. »

Tel est le honteux engagement qui nous est révélé dans une
dépêche confidentielle adressée par le roi d'Angleterre à Jean
Tiptoft [2], son chargé d'affaires auprès de l'empereur Sigismond.
Assuré des bonnes dispositions dont l'empereur avait fait pro-
fession publique, le roi voulait montrer par là à son allié combien le terrain se préparait favorablement pour son ambition,
et il ajoutait dans sa dépêche : « Dites à mon frère que les pro-

---

[1] « Beseechyng yow, my Lorde, that this
« be kept secree to my commyng agein, for
« elseh it were to me ther heyng to grete
Rançon du duc de Bourbou.

« a peril. » (Rymer, IV, part. II, p. 191.)

[2] Ce chevalier anglais devint ensuite
président et chancelier de Normandie

« positions du duc m'ont paru si raisonnables que je n'ai pas
« cru devoir les rejeter. Le duc m'a dit aussi qu'il supposait
« que plusieurs autres qui sont ici en feraient autant que lui;
« *mais de cela je ne suis pas bien assuré.* »

Que le duc de Bourbon se soit en effet résolu à cette dé-
fection, ou qu'il ait voulu abuser son vainqueur par une pro-
messe mensongère, c'est ce qui ne sera jamais éclairci. Quoi
qu'il en soit, l'intention était coupable, et, si elle ne se tra-
duisit pas en faits accomplis, c'est que Henri V, se ravisant, ne
laissa point partir son prisonnier, ou que celui-ci ne put pas
fournir les cautions exigées. Au mois d'août 1417, le prince
anglais débarquait en Normandie et faisait rapidement la
conquête de cette province. Tout occupé de soins militaires,
il ne songea plus à négocier. Par ses ordres, le duc fut transféré au château de Kenilworth, d'où, comprenant que sa
captivité allait se prolonger, il expédia à sa femme une procuration générale pour gouverner ses domaines pendant son
absence[1].

Les troubles civils de la France et l'assassinat du duc de
Bourgogne au pont de Montereau favorisant de plus en plus
les progrès de l'étranger, Henri n'avait plus besoin de l'intervention politique de ses prisonniers. Il resserra au contraire
leur captivité, pour tirer d'eux le plus tôt possible de grosses
rançons. Ainsi nous le voyons écrire de Gisors, le 1er octobre
1419, à l'évêque de Durham, chancelier d'Angleterre, pour
lui recommander de veiller avec le plus grand soin à ce que
les ducs d'Orléans et de Bourbon ne puissent s'échapper. Ce

[1] Acte du 26 septembre 1417, aux archives de l'Empire, P 1358², cote 551.
Mais, par un acté du dauphin Charles, en
date du 29 novembre 1418, nous appre-
nons qu'à cette époque la duchesse de
Bourbon et son fils aîné Charles étaient
encore au pouvoir du duc de Bourgogne,
entre les mains de qui ils étaient tombés
à la suite de la prise de Paris et du mas-
sacre des Armagnacs.

fut seulement quand le traité de Troyes lui eut livré la succes-
sion au trône de France, qu'il donna ordre d'amener le duc
de Bourbon à Dieppe (juillet 1420) et qu'il consentit à recevoir une députation chargée de traiter de l'élargissement du
captif. Cette députation, composée de Louis de Listenois, de
Jean de Châteaumorand, de Gilbert de Châlus, sénéchal de
Bourbonnais, d'Amé Vert, bailli de Forez, de Regnaud de la
Buissière, bailli de Beaujolais, représentait la noblesse des
principales provinces dont se composait l'apanage du duc. Guy
de Norri, prieur de Saint-Martin des Champs, et le procureur
général, Pierre de Hérisson, étaient adjoints aux députés en
qualité d'orateurs [1].

Ces négociations avaient été préparées par les démarches
du duc de Savoie, Amédée VIII, à qui le duc de Bourbon
s'était adressé dans sa détresse, offrant de lui vendre ses terres
de la Bresse, et se plaignant de ses proches qui, suivant lui,
semblaient attacher peu de prix à sa liberté [2]. Parent et allié
du duc de Bourgogne, très en faveur auprès de Sigismond, le
duc de Savoie était un des princes dont Henri V recherchait
le plus l'amitié. Aussi ce dernier reçut-il avec les plus grands
égards Jean de la Baume, sire de Valefin, qu'Amédée avait
dépêché auprès de lui avec la mission de joindre ses instances
à celles des ambassadeurs de la duchesse Marie [3]. Les pourparlers, ouverts à Rouen, furent rapidement conduits, et un
premier accord fut conclu le 16 janvier 1421. Le traité de

[1] Rymer, IV, part. II, p. 189, 191.

[2] La Roche la Carelle, *Hist. du Beaujolais*, t. I, p. 211.

[3] Guichenon a publié une lettre de
cette princesse en date du 16 mars 1421,
par laquelle elle remercie le sire de Valefin de ses bons offices. Elle lui annonce
que, pour parvenir à l'exécution des promesses de son mari et au payement de la
rançon, elle fait partir le sire de Châteaumorand, Philippe de Toulon, et le trésorier Michel Cordier, à qui elle le prie de
vouloir bien donner conseil et assistance.
(*Hist. de Bresse et de Bugey*, 3e part. p. 27.)

Troyes, pompeusement qualifié de *paix finale,* mettait fort à l'aise la conscience du duc Jean, peu scrupuleux, comme on l'a vu, en fait de patriotisme. Aussi reconnut-il sans hésiter la validité de cette paix, la déclarant « bonne, saine et juste, » et il s'engagea non-seulement à l'observer fidèlement, mais encore « à faire son loyal pouvoir pour recouvrer son fils aîné Charles, » qui avait pris hautement parti en faveur du Dauphin. Il s'obligeait en outre à livrer au roi d'Angleterre son fils puîné Louis, avec six otages et six de ses places les plus notables; à remettre incontinent le comté de Clermont entre les mains du gouvernement de Charles VI (gouvernement, on le sait, purement nominal); enfin à payer en deux termes à Henri V 100,000 écus d'or, les deux valant un *noble* d'Angleterre [1]. L'élargissement devait avoir lieu après le payement du premier terme, qui était de 60,000 écus. A la suite de cet accord, qui fut ratifié par Henri le 17 mars, le duc obtint une espèce de liberté. Il se forma un conseil composé des membres de la députation, et fit divers actes de souveraineté relatifs au gouvernement de ses domaines. Le premier et le plus urgent avait pour objet de renouveler à la duchesse, sa femme, le pouvoir de vendre et d'aliéner ses biens meubles et immeubles, et de toucher les sommes nécessaires au payement de sa rançon [2].

[1] Le cours légal de l'écu d'or à cette date était de 22 sols 6 deniers tournois seulement, mais sa valeur intrinsèque au titre de la tolérance était de 12 fr. 64 cent. ce qui, multiplié par 100,000, donne un chiffre de 1,264,000 fr. (Cf. le tableau chronologique de la valeur intrinsèque des espèces d'or, dans M. de Wailly, *Mémoire sur les variations de la livre tournois,* p. 72-73.) En prenant par simple hypothèse 5 comme écart possible du pouvoir des métaux précieux entre ce temps et le nôtre, cette somme de 1,264,000 fr. représenterait 6,320,000 fr. Mais c'est là un fait très-complexe et dont il est impossible de se rendre un compte exact, surtout à une époque comme celle de la fin du règne de Charles VI, où l'or était déprécié systématiquement par les ordonnances. (Voir le même mémoire, p. 45 et 46, note 1.)

[2] Cette procuration est datée du 17 janvier 1421, le lendemain même du jour où Jean avait apposé sa signature au bas du traité. (*Arch. de l'Empire,* P 1377[1],

Le 10 avril, Jean fut en état de faire aux Anglais, à Rouen,
un premier versement de 25,000 écus d'or, dont 12,750
devaient être remis à Bordeaux entre les mains de Gaston de
Foix, comte de Longueville, lieutenant du roi d'Angleterre.
Toutefois, malgré les efforts de ses amis, il ne put verser en
numéraire que 22,000 écus et donna pour le surplus des
joyaux précieux, estimés à dire d'experts[1]. A partir de cette
époque, le duc s'engage de plus en plus dans la voie onéreuse
des emprunts. On le voit notamment payer alors d'impor-
tants à-compte à des marchands du Crotoy et à un chevalier
anglais du nom de Jean de Cornwall, qui faisait la banque à
Londres. Au milieu de ce dénûment, il trouva une aide inat-
tendue de la part du Dauphin Charles, qui avait pris le titre
de régent du royaume. Le 19 mai 1421, ce prince mandait
aux gouverneurs de ses finances, tant en Languedoïl qu'en
Languedoc, de délivrer au duc de Bourbon une somme de
100,000 livres tournois, pour subvenir au payement de la
« très-grosse et excessive rançon » que son adversaire d'Angleterre avait imposée « à son très-cher et très-amé cousin[2]. » On a
lieu de s'étonner d'un tel acte de munificence envers un prince
qui avait pris avec les Anglais les engagements que nous savons. Mais le Dauphin considérait sans doute que Jean, ayant
agi comme contraint et forcé, ne tiendrait pas, une fois délivré,
les promesses qu'il aurait faites aux ennemis du royaume.

cotes 2831 et 2875.) Le principal domaine
vendu en cette occasion fut le comté de
l'Isle-Jourdain, dont le comte d'Armagnac
fit l'acquisition en avril 1442 pour le prix
de 38,000 écus d'or, prix qui était probablement au-dessous de la valeur réelle.
(P 1372[1], cote 2028.)

[1] Première quittance délivrée par Jean,
évêque de Chichester, chancelier de Normandie. (*Archives de l'Empire*, P 1358[2].
cote 584.)

[2] *Arch. de l'Empire*, P 1377[1], cote 2858.
La livre tournois en dehors des pays soumis
à la domination anglaise valait, en août
1421, 8 fr. 77 cent., et en octobre 1422,
7 fr. 44 cent., mais elle ne tarda pas à baisser
par suite de la crise monétaire qui dura jusqu'en 1438. (Cf. de Wailly, Mém. cité, p. 48.)

Grâce à cet appui, la duchesse de Bourbon put travailler activement à la délivrance de son mari, soit en pressant le départ des otages qui devaient se rendre à Rouen[1], soit en rassemblant de nouvelles sommes. Le 7 novembre de cette même année, l'évêque de Chichester et Jean Feresby, trésorier du roi d'Angleterre, donnèrent quittance au duc d'une seconde somme de 35,000 écus d'or, formant le complément du premier terme de sa rançon et qui avait été apportée par Michel Cordier, trésorier général de Bourbonnais[2]. Suivant la teneur de l'accord, ou, comme on disait alors, de l'*appointement*, Jean aurait dû être élargi. Mais il est probable que les autres conditions n'avaient point été remplies, ou du moins que Henri se servit de ce prétexte pour retenir son prisonnier, à qui des provisions, des effets, de l'argent, recueillis dans le comté de Clermont, furent portés à Rouen durant le mois de mai 1422[3].

La mauvaise foi de Henri V n'est, en réalité, que trop certaine, et le fait suivant en donne la preuve. Quelque temps avant sa mort, en juillet 1422, il se fit amener le duc à Vincennes, et là il exigea de lui une obligation de 25,000 écus d'or en sus des 40,000 qui restaient encore à payer. La pièce qui nous révèle cette nouvelle exigence est un acte authentique de Jean lui-même, où le pauvre prince cherche à dissimuler sa faiblesse sous le prétexte spécieux que cette « autre récom- « pensation est moult profitable à nous, à nos subgiez et pays. » Sa déclaration datée de Rouen, le 4 octobre, et qui se place par conséquent entre la mort de Henri V et celle de Charles VI, nous montre à nu bien des misères. On y voit que la plupart des domaines aliénés pour le payement de la rançon se sont

---

[1] *Archives de l'Empire,* P 1390², cote 476.

[2] *Arch. de l'Empire,* P 1358², cote 561.

[3] Rymer. IV, 3ᵉ partie, p. 64.

vendus à vil prix; une partie de l'argent si péniblement re-
cueilli a même été employée à faire le siége des places appar-
tenant aux propres vassaux du duc, qui ont rompu la trêve
conclue avec les Bourguignons. Tout ce que l'on achète pour
l'entretien du prisonnier, il faut le payer en forte monnaie,
tandis que les redevances dues par les tenanciers ne sont
payées qu'en monnaie faible et très-faible[1]. Le duc mande à
ses officiers de tenir rigoureusement la main à ce que ces redevances soient acquittées en la forte monnaie, qui avait cours au
moment où les tenanciers ont contracté leurs baux, et de les
y contraindre par toutes les voies de droit, pour qu'il puisse
enfin accomplir le nouvel « appointement » qu'il vient de conclure avec les exécuteurs testamentaires du feu roi[2].

Au milieu de la crise monétaire qui arrêtait ou gênait
toutes les transactions, et de la guerre qui allait se rallumer de
toutes parts, cet appel resta sans résultat. Le duc était encore

[1] « Les perturbations monétaires prirent « surtout de la gravité à partir de l'an 1417. « La valeur moyenne de la livre tournois, « qui s'était maintenue jusque là entre 9 fr. « 78 cent. et 8 fr. 93 cent., tomba successive- « ment de 6 fr. 74 cent. à 3 francs, pendant « que la proportion légale de l'or à l'argent « baissait de $9\frac{80}{100}$ à $4\frac{6}{100}$. La mutation qui « eut lieu en 1421, quand la domination « anglaise semblait définitivement affermie, « fixa la livre tournois à 8 fr. 77 cent. en « donnant à l'or une valeur de $10\frac{4}{100}$ re- « lativement à l'argent. Dès le mois d'oc- « tobre 1422 la proportion avait baissé à « $8\frac{12}{100}$, et la livre tournois ne valait plus « que 7 fr. 44 cent. La crise monétaire « entraîna dans l'espace de seize ans cin- « quante-deux mutations dont les écarts « extrêmes portèrent la valeur moyenne « de la livre tournois à 9 fr. 21 cent. et « à 3 fr. 95 cent., tandis que la proportion « de l'or à l'argent variait entre $14\frac{80}{100}$ « et $3\frac{60}{100}$. Ces désordres présentent les « mêmes caractères (que ceux du règne du « roi Jean) par l'instabilité de la livre de « compte, la dépréciation arbitraire des « espèces d'or, la hausse exagérée de celles « d'argent et de billon. Pendant que le « pied de l'or ne variait pas tout à fait de « 1 à 2, celui de l'argent atteignait presque « une différence de 1 à 5. De telles con- « ditions n'ont pu être acceptées par les « détenteurs de la monnaie d'or, et ils ont « dû y remédier par un cours volontaire, « soit en haussant la valeur nominale des « espèces d'or, soit en baissant celle des « espèces d'argent. » (N. de Wailly, *Mémoire* cité, p. 48 et 49.)

[2] *Archives de l'Empire,* P 1377[1]. cote 2838.

à Rouen le 24 décembre 1422[1], comme le prouve un sauf-conduit valable pour un mois, délivré à Jean Fournier, son écuyer de cuisine, et à Eustache de Moutformier, son secrétaire. Mais, dès l'année suivante, il fut ramené en Angleterre, où il était plus facile de le garder, et nous le retrouvons au château de Toutbury signant une obligation immédiatement exigible de 2,800 écus d'or envers Giovanni Vettori, banquier florentin établi à Londres, qui lui avait prêté cette somme pour « ses grand besoin et nécessité. » Cette obligation porte la date du 23 novembre 1423, et telle était la pénurie financière du duc, que le 23 mai de l'année suivante seulement Cordier put payer au mandataire de Vettori un premier et bien faible à-compte de 400 écus[2].

A partir de ce moment jusqu'à la fin de l'année 1428, les renseignements relatifs à la captivité du duc Jean font presque entièrement défaut. Nous n'avons rencontré que deux pièces, l'une du 1er juin 1426, l'autre du 31 août 1428, où, durant cinq années, Jean, du fond de sa prison et comme pour protester

---

[1] On a du duc Jean divers actes expédiés en présence de ses conseillers dans le cours de cette année 1422 et qui montrent qu'il jouissait encore d'une demi-liberté. Le plus important est le consentement qu'il donna alors au mariage de son fils Charles avec Agnès de Bourgogne. « La « duchesse Marie prouva qu'elle ne deman- « dait pas mieux que de terminer cette « affaire. Ensuite Séguinat, député auprès « du duc, prisonnier à Rouen, en rap- « porta un acte par lequel le duc signi- « fiait qu'il désirait sincèrement le mariage « projeté, qu'il serait toujours flatté de l'al- « liance avec la maison de Bourgogne et « qu'il ne consentirait jamais que son fils « Charles épousât une autre princesse que « la princesse Agnès. » (D. Plancher, *Hist. de Bourgogne*, III, 52.) Néanmoins ce mariage, convenu dès 1418, n'eut lieu qu'en 1425. La procuration expédiée par le duc Jean pour autoriser son fils à contracter mariage avec Agnès fut donnée au « chas- « tel de Tutebery, en Angleterre, » le 4 octobre 1424. (P 1365², cote 1452.)

[1] *Archives de l'Empire*, P 1359¹, cote 620. Cette année même, Vettori avançait 60,000 écus d'or pour la rançon de Louis de Bourbon, comte de Vendôme. Il était aussi le banquier de Charles, duc d'Orléans, qui avait un compte de recettes et de dépenses ouvert dans la maison de ce Florentin. (*Ibidem*, K 64, n° 37³).

contre l'oubli, ait fait acte de souveraineté en Forez et en
Bourbonnais. La situation des provinces qui composaient son
apanage était alors fort triste. D'une part, le duc de Savoie,
renouvelant d'injustes prétentions, cherchait à s'emparer
violemment de la souveraineté et du ressort sur la partie du
Beaujolais située au delà de la Saône[1]; de l'autre, Charles de
Bourbon, fils aîné du prisonnier, luttait avec peine contre
l'ambition mal dissimulée du duc de Bourgogne et contre les
incursions des Anglais. Ceux-ci venaient de mettre le siége
devant Orléans et menaçaient d'enlever à Charles VII le reste
de son royaume. Ce fut en ce moment (février 1429) que les
négociations pour la délivrance du duc furent reprises direc-
tement entre ce prince et le conseil de Henri VI, à peu près
aux mêmes conditions que celles du traité de 1421. Jean reconnaissait le roi d'Angleterre pour son souverain seigneur,
s'engageait à faire rentrer, un mois après son élargissement,
son fils Charles dans l'obéissance, donnait en otage son autre
fils avec six personnes notables, livrait six de ses meilleures
places outre le comté de Clermont et s'obligeait à y entretenir à ses frais des garnisons anglaises. Enfin il promettait
d'acquitter de ses deniers la rançon de Jean et de Thomas de
Sommerset, prisonniers en France; de payer avant le 1er juin
les 40,000 écus d'or restant dus sur sa propre rançon, et de
rembourser en outre à Jean de Cornwall 2,200 écus, montant
de sa créance.

A la suite de cette convention, le duc fut transféré à Calais,

[1] Les inventaires des titres du Beaujolais, par Gayand et Bellet, placent en août
1425 les protestations des lieutenants du
duc de Bourbon contre les entreprises
du duc de Savoie. En 1432 et 1433, la
Dombes fut mise à contribution par un

capitaine savoyard, le sire de Varambon,
qui s'était déjà emparé de Trévoux. En
1420, le Forez et le Beaujolais avaient
été aussi saccagés par les bandes du sire
de Rochebaron.

Rançon du duc de Bourbon.

3

où il fit expédier, le 25 septembre, à son fils Charles une procuration qui lui donnait plein pouvoir d'administrer ses finances, de payer et de recevoir en son nom dans toute l'étendue de ses États[1]. Les Anglais croyaient déjà tenir l'argent, et ils avaient même destiné d'avance à la solde et au ravitaillement de la garnison de Calais 5,000 marcs à prendre sur le premier payement de la rançon[2]. Mais les dures conditions qu'ils avaient imposées, déjà presque inexécutables au point de vue financier, le devinrent tout à fait au point de vue politique; car les victoires de Jeanne d'Arc et les rapides progrès de la restauration royale rendaient désormais impossible la livraison d'un comté et de châteaux forts situés au cœur même du royaume. Les conférences tenues à Arras le 16 août 1429 entre les députés de Charles VII et les Anglais montrèrent bien quelle serait la nouvelle attitude de celui qu'il n'était plus permis d'appeler dédaigneusement « le roi de Bourges. » Charles se borna à offrir de céder la Guienne étendue jusqu'au cours de la Dordogne, à la condition que les Anglais délivreraient les ducs d'Orléans et de Bourbon, les comtes d'Eu, d'Artois et d'Angoulême, soit gratuitement, soit au prix de finance raisonnable[3].

Cette « finance raisonnable » n'était point du goût du gouvernement anglais. La terre lui manquant, il veut au moins avoir l'argent et ne songe plus qu'à tirer de son prisonnier le meilleur parti possible. La cupidité de ce gouvernement tantôt se manifeste avec impudeur, tantôt se dissimule sous des formes hypocrites; elle reste toujours tenace et rapace.

---

[1] *Arch. de l'Emp.* P 1363¹, cote 1174.

[2] Acte du 4 juillet 1429, dans Rymer, *Fœdera et conv.* IV, p. 147, et dans Champollion-Figeac, *Lettres de rois et reines,* t. II, p. 409.

[3] Vallet de Viriville, *Hist. de Charles VII,* t. II, p. 111, d'après D. Plancher, *Histoire de Bourgogne,* t. III, pièces justific. LXX, p. LXXXI.

En premier lieu intervient une délibération du parlement ainsi conçue : « Considérant que le duc de Bourbon est de-« venu par suite de diverses infirmités si faible et si cassé qu'il « ne pourra plus prendre part à des expéditions militaires ni « porter les armes, à ce qu'on croit; considérant en outre les « grands dommages et les pertes qui arriveraient très-probable-« ment à monseigneur le roi par la mort dudit duc, s'il venait « à manquer avant la conclusion du traité, et combien au con-« traire la finance qu'il s'engage à payer profitera au seigneur « roi, si ce traité reçoit son exécution, les lords spirituels et « temporels assemblés dans le présent parlement sont d'avis, « accordent et jugent bon que le seigneur roi et son conseil « mettent leurs soins à parfaire ledit traité. » La conclusion est digne des prémisses. Par une nouvelle convention, en date du 15 janvier 1430, le duc est dispensé de livrer les otages et les forteresses (ce qu'il n'aurait pu faire, l'eût-il voulu); mais en revanche, outre les 40,000 écus d'or payables en trois mois, on lui impose l'obligation d'en payer 60,000 autres dans six mois, auxquels on en ajoute encore 30,000 pour les dé-penses de son entretien depuis qu'il était en Angleterre. Enfin il reste chargé de la rançon des deux Sommerset, dont le chiffre approximatif n'est point encore indiqué, mais eût été considérable, comme nous allons le voir bientôt [1]. C'est une véritable liquidation se terminant au profit d'impitoyables créanciers par une soulte presque immédiatement exigible de 130,000 couronnes au plus bas mot. Seulement, comme le numéraire est rare, les Anglais consentiront à être payés soit en or monnayé, soit en vaisselle, soit en joyaux : tout leur sera bon.

Dans l'intervalle d'un an qui sépare les deux traités, le duc

[1] Rymer, *Fœdera et convent.* IV, p. 152 à 155.

Jean avait été ramené en Angleterre. Plus il s'affaiblissait, plus il se rattachait obstinément à la vie; plus aussi il mettait d'instance à réclamer une délivrance qu'il se flattait toujours d'obtenir à force d'argent. Le duc de Bourgogne fit alors une tentative pour le retirer des mains des Anglais, et il leur fit dire par ses ambassadeurs que, si l'on voulait lui remettre le prisonnier, il donnerait quittance au roi d'Angleterre des sommes considérables qui lui étaient dues, notamment de 40,000 saluts d'or, prix de l'artillerie qu'il avait fournie à l'armée anglaise pour le siége de Compiègne[1]. Sans doute Jean n'aurait fait que changer de prison; mais du moins sa captivité eût été plus douce, et il eût obtenu d'un parent naturellement généreux un arrangement plus équitable. Mais le gouvernement anglais n'était point pressé de s'acquitter envers son allié en se dessaisissant du gage de sa créance tant qu'il la croyait encore bonne. Aussi le 26 novembre le conseil de Henri VI se hâta de publier les conditions auxquelles il entendait rendre au duc de Bourbon cette liberté tant désirée : « Ayant en notre « cuer, faisait-on dire au jeune roi, compassion pour la maladie « qui tant l'a détenu, espérans que en l'air de sa nation plus « tost que ailleurs vendra à convalescence *et qu'il aura mémoire* « *du bien que lui voulons*, nous sommes à sa dite délivrance en-

---

[1] Instructions données par le duc de Bourgogne à ses ambassadeurs se rendant auprès du roi d'Angleterre (4 novembre 1430) : « *Item*, au regard de ce qui est « deu à monseigneur de l'artillerie, se l'ar- « gent n'estoit prest ou que l'en [fit] dif- « ficulté de le baillier ou envoier, les dis « ambaisseurs pouront secretement et dis- « cretement ouvrir comment par monsei- « gneur le cardinal (le cardinal de Beau- « fort, évêque de Winchester) a esté autre- « fois offert à mondit seigneur de lui bailier « monseigneur de Bourbon en payement de « ce que le roy lui doit; et que mon dit sei- « gneur seroit assés content de prendre icel- « lui monseigneur de Bourbon pour le « paiement de son dit deu ou la dite artil- « lerie jusques à la somme à lui deue pour « ceste cause. » (Stevenson, *Letters and papers illustrative of the wars of the English in France,* vol. II, part. i, p. 173, d'après le ms. du Supplément français, 292, 10.

« clinez et condescenduz par la manière qui s'ensuit. » Après
ce beau préambule, on devrait s'attendre à quelque adou-
cissement dans la rigueur des conditions premières. Il n'en est
rien. Le payement des sommes énormes que nous avons énumé-
rées est simplement prorogé jusqu'à la prochaine fête de saint
Marc (25 avril 1431), mais il devra être effectué au préalable et
en bloc. De plus, cette fois les rançons des deux Sommerset,
mises à la charge du duc de Bourbon, sont évaluées, celle de
l'aîné à 40,000 couronnes, et celle du cadet au chiffre plus
modeste de 24,000. C'est donc 64,000 écus ajoutés aux
130,000 déjà réclamés, c'est une nouvelle exigence d'autant
plus odieuse qu'elle se déguise sous l'apparence d'une fausse
commisération. Nous possédons l'original de ces lettres pa-
tentes, mais il ne porte aucune mention de témoins, comme
si les membres du conseil qui l'ont fait expédier eussent rougi
de faire connaître leurs noms en y apposant leurs signatures [1].

Il s'agissait de trouver à bref délai et de tirer d'un peuple
épuisé une somme équivalente à environ 12,250,000 francs de
notre monnaie, et il est aisé de comprendre que le prisonnier
ne put pas même fournir des à-compte. Le 28 mai, le conseil de
régence siégeant à Rouen répondait à de nouvelles démarches
tentées par le duc de Savoie et par le duc de Bourgogne, en
déclarant que ce nouvel appointement n'avait pas été suivi
d'effet et que les choses demeuraient dans le *statu quo* [2]. Nous

---

[1] *Arch. de l'Empire*, P. 1374¹, cote 2352.
— Rymer, *Fœdera*, IV, p. 168.

[2] Réponses données par le conseil du
roi d'Angleterre aux articles présentés
par le duc de Bourgogne (28 mai 1431):
« Au trezieme article faisant mention de
« monseigneur de Savoie pour le fait de la
« délivrance de monseigneur de Bourbon,
« il a esté parlé de ceste matiere à monsei-
« gneur le cardinal qui freschement vient
« d'Angleterre. Lequel dit qu'il n'a point
« sceu que conclusion soit prinse par delà
« ou fait de mon dit seigneur de Bourbon.
« Bien est vray que on en a autrefois parlé
« et y prins aucuns appointemens; *mais
« de la partie de mon dit seigneur de Bourbon
« n'ont esté aucunement entretenus, et aussi
« est la chose demourée.* Toutes voies on

rencontrons bien à la date du 1er juillet 1432 la trace d'un sauf-
conduit, délivré sous le nom du roi Henri au sire de Saint-
Priest, à Odard de Cleppé et à Pierre de Carmone, docteur
ès lois, se rendant en Angleterre auprès du duc[1], mais nous
ignorons l'objet et le résultat de cette députation. Ce n'est
qu'au commencement de l'année 1433 qu'un nouvel élément
de solution se produit dans cette interminable affaire, que la
question prend des proportions politiques inattendues, et que
le gouvernement florentin est amené à jouer un rôle dans
une intrigue qui vient d'être ourdie en son nom et en quelque
sorte sous sa responsabilité.

Celui qui paraît avoir eu la première idée de faire servir le
crédit de la seigneurie de Florence à la délivrance du duc
Jean était lui-même un Florentin, nommé André Ruccellaï,
fils de famille ruiné, qui vivait fort pauvrement en Dauphiné,
où il se donnait pour un agent du duc de Savoie. Cet aventurier s'aboucha avec Percival Bonichon, héraut d'armes de
la maison de Bourbon, lequel se trouvait alors à l'Arbresle, et
il lui insinua que les Florentins étaient prêts à s'employer en
faveur du duc prisonnier. Le héraut, très-affectionné à son
maître, et connaissant les embarras d'argent qui s'opposaient
au payement de sa rançon, se chargea d'en parler à la duchesse Marie, pendant que Ruccellaï allait trouver à Riverie
Jean Jossart l'aîné, sire de Châtillon d'Azergues, aux dépens
de qui il se fit d'abord héberger. Quelques jours avant la fête
de Noël de l'an 1432, la duchesse voulut voir cet étranger
qui intervenait si à propos dans ses affaires, et elle le fit venir

« saura se, depuis le partement d'Angle-
« terre de mon dit seigneur le cardinal,
« aucune chose y ait esté conclue, et s'il
« est ainsy, le roy le fera savoir à mon dit
« seigneur de Bourgogne. » (Stevenson,
Recueil cité, vol. II, part. 1, p. 193, d'après
le même manuscrit.)

[1] *Rôles françois*, t. II, p. 276.

à Sury-le-Bois en Forez. Ruccellaï assura qu'il avait connu les bonnes dispositions des Florentins par deux marchands de son pays demeurant à Avignon, et il se fit fort de négocier la délivrance du duc si l'on consentait à l'accréditer auprès de la seigneurie de Florence. Marie de Berry fit aussitôt prendre des informations à Avignon par le sire de Châtillon, et celui-ci se mit en rapport avec les deux marchands, dont l'un appelé tantôt Francesco, tantôt Guelfo, tantôt Diamante, était le propre frère d'André Ruccellaï, et l'autre, nommé Pier Bartoli, était un personnage non moins équivoque qu'André. Ce Bartoli, appelé à jouer aussi un grand rôle dans cette affaire, le prit de très-haut. Il s'annonça comme étant le fondé de procuration du gouvernement florentin, déclara que Ruccellaï avait toute la confiance de ses concitoyens, qu'il savait d'ailleurs que la délivrance du duc avait été déjà l'objet des délibérations de la seigneurie. Lui-même se rendit auprès de la duchesse, lui donna les mêmes assurances, et en la quittant jura de ne point porter d'autre robe que celle qu'il avait sur le dos jusqu'à ce que le duc fût mis hors de prison : « Ce dont ma dite « dame et les présans heurent grande joie, » disent naïvement les témoins de l'entrevue.

Après ces informations, qu'il est bien difficile de trouver satisfaisantes, des lettres de créance furent expédiées à Ruccellaï, lequel, alléguant sa grande noblesse, mais aussi son honorable pauvreté, se fit armer chevalier aux frais de la duchesse et attacher à sa maison en qualité de chambellan. 120 écus d'or lui furent alloués pour son voyage de Lyon à Florence; Bartoli en eut 50 pour sa part, et le héraut Bourbon, dont les deux associés avaient fait leur dupe, en reçut aussi 40. Tous trois se rendirent à Florence, où André exposa l'objet de sa mission, déclarant que la duchesse de Bourbon

voulait avoir alliance avec la seigneurie, qu'elle offrait de faire
rentrer Gênes dans l'obéissance du roi de France ou de remettre cette ville aux Florentins ; que, pour être agréable
au pape, ami de la république, elle ferait supprimer le
concile général de Bâle; que pour tout cela elle enverrait au
secours de Florence Rodrigue de Villandrando[1] et d'autres
capitaines renommés avec dix mille chevaux, à la condition
que la seigneurie lui prêterait sous caution 150,000 écus
pour la rançon de son mari. Les Dix de la balie se prêtèrent
à ces ouvertures. Comme Florence était alors en guerre avec
Philippe-Marie, duc de Milan, qui s'était emparé de Gênes,
ils répondirent à André qu'il fallait d'abord s'assurer du con-
cours du pape et de la seigneurie de Venise, alliés de Florence contre Visconti. En attendant ils donnèrent de bonnes
paroles au héraut Bourbon. « Ami héraut, lui dirent-ils, nous
« avons entendu ce que le seigneur André nous a exposé de la
« part de madame la duchesse. Prends courage, car nous espérons
« que la seigneurie aidera à la délivrance de ton maître, de sorte
« qu'en brief temps il puisse revenir dans ses domaines et gouver-
« ner son peuple[2]. » Ils firent plus; ils adressèrent à la duchesse
elle-même une lettre close scellée de leur sceau en cire verte,
.représentant une colombe aux ailes étendues et surmontée d'une
fleur de lis. Nous donnons la traduction en français du temps
de cette pièce latine qui fut plusieurs fois produite au procès[3] :

   « Haulte et puissante princesse et nostre très-singulière

---

[1] Ce célèbre aventurier, appuyé par la
Trémouille, favori de Charles VII, épousa
le 24 mai 1433 Marguerite de Bourbon,
fille naturelle du duc prisonnier.

[2] « Esto confortatus quia nos speramus
« quod dominium juvabit liberationem
« domini taliter quod infra breve poterit re-
gere suum populum in dominiis suis. »
(*Enquête du mois de février* 1435, *Arch. de
l'Empire*, P 1358[1], cote 494.)

[3] Le *vidimus* que nous possédons est du
22 décembre 1433, au moment où la duchesse fut avertie de la fourberie de Ruccellaï.

« dame et mère, nous avons receu certaines vos lectres de
« créance que envoiées nous avez par messire André de Rousse-
« lay, noble chevalier, nostre citoyen, lequel en nostre présence
« nous a déclaré très-notablement vostre voulenté touchant le
« fait de hault et puissant prince monsieur le duc de Bour-
« bonnois et d'Auvergne. En quoy avons adjousté grant foy par
« la grant dévocion que nous avons par devers le très-hault et
« très-puissant prince et très-chrestien roy de France et par de-
« vers le dit monsieur le duc de Bourbon et aux aultres sei-
« gneurs princes de la très-sainte maison de France. Auquel
« messire Andrieu nous avons faite response, ainsi qu'il vous
« rapportera plus à plain, toujours prestz de faire vostre bon
« plaisir [1]. Donné à Fleurence, le xve jour de février mil cccc
« trente et deux. — Les Dix de la baillie du commun de Fleu-
« rence, enfanz de vostre domination. »

Cette lettre, malgré sa réserve, fut considérée à la petite
cour de Moulins comme un acquiescement de la seigneurie
aux propositions qui lui étaient faites. Cependant les Dix
s'étaient abstenus de remettre à Ruccellaï une commission en
règle et l'avaient chargé seulement de suivre l'affaire. Il paraît
même, du moins d'après la déposition de Ruccellaï dont il
sera question plus loin, que celui-ci avait présenté les secours
promis par la duchesse comme devant être fournis avant que
la république prêtât la somme nécessaire pour la rançon du
duc, tandis qu'il disait à la duchesse que la république était
prête à avancer la somme demandée avant de recevoir d'elle
aucun renfort. Quoi qu'il en soit, Marie de Berry, pleine

---

[1] L'original latin est tout aussi ambigu : « Cui fidem devotionemque nostram « erga, etc. palam fecimus, ut relatibus suis « sublimitas vestra limpidissime percipiet, « cujus beneplacitis prompti continue reperiemur. » (*Arch. de l'Empire*, P 1358', cote 490.)

d'espoir, attendait impatiemment le retour de ses envoyés. Ils ne reparurent que vers le mois de mai 1433. Bartoli vint alors annoncer à la duchesse que les négociations avaient réussi, que les Florentins consentaient à l'arrangement proposé, que Ruccellaï s'était rendu à Rome pour faire part de cette bonne nouvelle au pape Eugène IV, que le saint-père en avait été charmé au point de promettre qu'il vendrait sa chape, s'il le fallait, pour contribuer à la délivrance du duc de Bourbon. Bartoli ajoutait qu'ils étaient allés ensuite tous les trois à Venise, puisque le gouvernement vénitien devait être partie au traité; qu'à leur retour ils avaient été ballottés sur mer; que Ruccellaï et le héraut étaient restés à Nice sans équipage et dépourvus de tout. La duchesse fit aussitôt partir des chevaux et des serviteurs pour ramener Ruccellaï à qui elle alloua 200 écus d'or, et elle en fit remettre autant à Bartoli, qui prétendait avoir emprunté cette somme pour faire figure à Venise. Enfin on se donna rendez-vous à Lyon où la duchesse se transporta sans délai.

Pressée de conclure, elle voulait procéder immédiatement à la rédaction du traité; mais les deux aventuriers, soit pour traîner la chose en longueur et tirer le plus d'argent possible de leur noble cliente, soit pour se donner des airs d'importance, se montrèrent difficiles sur les formalités à remplir[1]. Jusqu'alors la négociation avait été tenue secrète. Malgré son désir de conduire seule à bonne fin cette grande affaire, la duchesse se décida à s'en ouvrir à Humbert de Grolée, bailli de Mâcon et sénéchal de Lyon, représentant du roi de France, et dont la puissante intervention ne pouvait être récusée. La chose fut alors traitée selon toutes les formes légales, on pourrait même

---

[1] « Isti se valde difficiles reddiderunt in ista materia erga dictam dominam. » (Déposition d'Odard de Cleppé, *Arch. de l'Empire*, P 1358², cote 589.)

dire, selon les formes diplomatiques. Les deux parties contractantes produisirent leurs pouvoirs, qui furent trouvés valables :
du côté de la duchesse, c'était une procuration spéciale de
son mari donnée à Londres le 16 janvier précédent, signée
et scellée; du côté de Bartoli, qui prenait alors le titre de
« noble et scientifiqué homme, » c'était un acte authentique en
date du 14 février 1432, par lequel les Dix de la balie de Florence passaient procuration à Giovanni, fils de Rinaldo Gianfi-
gliazzi, pour traiter en leur nom à l'étranger avec tous princes,
barons, communes et autres gens, de quelque condition que
ce fût, et par lequel aussi ce Giovanni se substituait deux
fondés de pouvoir : Nicolas, fils de Bonacurse Torelli, et Pierre
Bartoli, fils de Jean Nicolas[1]. Le traité bien en règle, passé le
26 mai 1433 dans l'hôtel de Beaujeu à Lyon, en présence du
sénéchal de Lyon, d'Odard de Cleppé, président du Bourbonnais, du sire de Châtillon d'Azergues et du héraut Bourbon,
muni des « signa » de deux notaires, Jean et Pierre Paulmier,
scellé du grand sceau de la duchesse[2], portait les articles
suivants :

« Il y aura alliance et confédération entre le duc de Bourbon
et la république de Florence pendant cinquante-cinq ans,
envers et contre tous, sauf la sainte couronne de France, à
la volonté de ladite république. — La duchesse, au nom
de son mari, entend que dans cette confédération soient
compris notre très-saint père le pape et l'insigne gouvernement de Venise. — Elle s'engage audit nom à fournir de
bonnes garanties à la seigneurie de Florence pour le remboursement d'une somme de 150,000 écus d'or qui sera employée
à la rançon du duc. — Le duc, une fois en liberté et de re-

[1] *Arch. de l'Empire*, P. 1358. cote 489, et P 1359, cote 666.

[2] *Archives de l'Empire*, P 1373, cote 2161.

4.

tour dans ses domaines, donnera des gentilshommes et des marchands en otages du remboursement, et au besoin même un de ses propres fils avec compagnie suffisante. — Le duc s'engagera à faire tous ses efforts pour enlever Gênes au duc de Milan et pour la faire passer sous son propre gouvernement [1]. — Il fera aussi tous ses efforts pour dissoudre le concile de Bâle. — Pierre Bartoli, comme fondé de pouvoir de la république de Florence, s'engage à faire verser par les marchands florentins demeurant en Angleterre la somme de 150,000 écus entre les mains des Anglais qui tiennent le duc prisonnier, au terme qui sera arrêté entre les dits marchands et le gouvernement anglais. — Au moyen de quoi et quand tout cela aura été accompli et mis à exécution [2], le duc sera tenu, à la requête de la république, de lever des gens d'armes au nombre de 10,000 chevaux, avec deux mille hommes de trait, mille couleuvriniers et mille arbalétriers, commandés par des capitaines bons et suffisants, pour être employés au service de la seigneurie. Ces gens d'armes seront à la solde des Florentins, et ils s'occuperont d'abord de reconquérir la ville d'Avignon et le comtat Venaissin au profit de notre saint-père le pape et de recouvrer l'illustre marquis de Montferrat. — Les deux parties contractantes jurent sur les Saints Évangiles, et en obligeant tous leurs biens meubles et immeubles, d'observer fidèlement tous

---

[1] « Dux promissionem dabit dominio Florentie et ejus alligatis, de procurando toto suo posse et cum effectu ponere et mittere dominium ville et civitatis Genuensis extra manus et obedientiam ducis de Mediolano, pro ipso dominio Genuensi regendo et gubernando sub manibus dicti ducis Bourbonnii, aut aliorum per ipsum dominum ducem ad hoc committendorum et eligendorum ut suæ placuerit voluntati. » (Pièce citée.) — Dans les propositions préliminaires, Gênes devait être rattachée à la France ou remise aux Florentins. (Voir ci-dessus, p. 60.) Ici la duchesse stipulait que, si le duc pouvait prendre Gênes, il la garderait.

[2] « Item quod premissis mediantibus et ipsis completis et executioni deductis, illustrissimus dux Bourbonii tenebitur mandare sursum, etc. » (Pièce citée plus haut.)

les articles du traité. En outre, la duchesse promet de le faire
ratifier par son mari, dès que celui-ci sera mis en liberté, et
aussi par Charles de Bourbon, comte de Clermont, et par
Louis de Bourbon, comte de Montpensier, ses deux fils. »

Tel est le traité que le gouvernement florentin désavoua
comme ayant été conclu sans sa participation et en vertu
d'une procuration périmée, mais que la duchesse de Bourbon
avait souscrit avec la plus entière bonne foi. Avant de reprocher à Marie de Berry sa confiance, ou, si l'on veut, sa crédu-
lité, il convient de faire observer qu'au xv⁰ siècle un pareil
traité n'avait rien d'insolite. Depuis longtemps déjà les Florentins ne se contentaient pas de traiter des affaires purement com-
merciales; peu à peu ils étaient devenus les agents politiques
des gouvernements et des souverains, qui leur empruntaient
souvent des sommes considérables. Plus d'une fois leurs banquiers furent victimes de ces emprunts, dont les princes qui les
avaient contractés se jouaient sans pudeur. Qui ne connaît,
par exemple, la fameuse faillite de la maison Peruzzi et Bardi,
à la suite d'un prêt de plusieurs millions fait au roi d'Angleterre et dont elle ne put jamais obtenir le remboursement[1]?
En outre la duchesse, mêlée nécessairement à la politique du
temps, pouvait savoir, au moins d'une manière générale, que les
Florentins, riches, mais peu guerriers, se servaient volontiers
de « condottieri, » et croire qu'ils seraient bien aises de recevoir d'elle en échange d'un service d'argent une armée toute
levée et tout équipée. Mais, ce qu'il lui était permis d'ignorer,
c'étaient les formes compliquées et mobiles du gouvernement intérieur de Florence. En temps de calme, le gouvernement appartenait au gonfalonier de justice et aux prieurs
des arts, nommés pour deux mois, et qui constituaient à pro-

---

[1] Abel Desjardins, *Négociations de la France avec la Toscane*, introduction. p. 38.

prement parler la seigneurie. En temps de guerre au dehors, ou de discordes intestines, la république recourait ha-
bituellement à la dictature, ou du moins à une magistrature
exceptionnelle et temporaire, qui en 1423 s'appela les Dix de
liberté et paix, ou de la guerre, ou de balie. Ce dernier nom
indique assez quelle était l'étendue du pouvoir des Dix[1]. Sous
les Médicis ils furent réduits à huit et s'appelèrent les Huit de
pratique; mais, quelle que fût la désignation, leurs attributions
étaient les mêmes : ils devaient veiller à la sûreté de l'État et
à la garde des forteresses; ils étaient chargés de diriger les négociations entamées avec les États étrangers, de correspondre
avec les ambassadeurs florentins et avec les commissaires gé-
néraux qui recevaient d'eux leurs instructions et qui leur
adressaient leurs dépêches; ils avaient mission de conduire
les opérations de la guerre, de subvenir à l'entretien des
armées et à la solde des capitaines[2]. Élus pour six mois seulement, les Dix de balie ou les Huit de pratique étaient fré-
quemment changés au gré du parti dominant, et pendant
que la magistrature elle-même tendait à devenir permanente,
les magistrats se renouvelaient sans cesse, apportant dans l'exer-
cice de leurs fonctions un autre esprit ou d'autres vues politiques que les vues ou l'esprit de leurs prédécesseurs.

Il était bon de rappeler ces détails pour faire pressentir le
sort réservé au traité que la duchesse croyait avoir conclu
avec le gouvernement florentin par l'entremise d'un plénipo-
tentiaire accrédité. Sans concevoir aucun soupçon, elle chargea
Ruccellaï de retourner à Florence pour notifier le traité à la sei-

---

[1] *Balia* en italien a le sens de pouvoir
absolu, autorité entière. A Florence surtout c'était une dictature extraordinaire,
confiée pour un temps déterminé à un citoyen ou à une commission placés en cas
de trouble au-dessus des lois pour sauver
la république des dangers qui pouvaient
la menacer.

[2] Abel Desjardins, *Négociations de la
France avec la Tosc. etc.* p. 58.

gneurie, et elle mit à sa disposition une somme de 500 écus d'or
en espèces monnayées et en vaisselle d'argent. Quant à Bartoli,
il se réserva le rôle important, la négociation de l'emprunt à
contracter en Angleterre avec les banquiers florentins pour
parvenir à la délivrance du duc, et il commença par se faire
donner 1,000 écus pour ses frais de voyage. Comme la duchesse ne se souciait pas que son fils le comte de Clermont
fût mis dans la confidence de cette négociation et qu'elle désirait cependant qu'un homme de son intimité se montrât en
Angleterre comme envoyé du comte, afin que le duc « re-
« cogneust que monsieur son filz vouloit fere son devoir devers
« lui, » Jossart le jeune, sire de Polomier, fut choisi pour
accompagner Bartoli en Angleterre. Il devait être défrayé sur
les 1,000 écus remis à ce dernier. Les deux fourbes reçurent
en outre 300 écus pour leurs dépenses à Lyon, où ils prolon-
gèrent leur séjour pendant près de trois mois, menant grand
train et se montrant en public avec une suite de dix personnes
qu'ils avaient fait habiller tout de neuf[1].

Le succès semble alors les avoir enivrés. Ce n'est plus seulement avec la duchesse de Bourbon qu'ils aspirent à traiter
au nom de la seigneurie de Florence, c'est avec le roi de
France lui-même. Ils se présentent au sénéchal de Lyon, disant qu'ils ont charge de la seigneurie de parler au roi d'une
matière importante. « Icelle matière estoit tant de la sei-
« gniorie de l'ampire comme du recouvrement de la ville et
« seigniorie de Gennes, laquelle ilz disoyent que le pape, Venize
« et Florance vouloyent recouvrer à leurs despans, et oultre ce
« prester au Roy II cens mille ducas pour fournir à sa guerre de

---

[1] Dépositions de Jean Jossart l'aîné et
de Jossart le jeune. (*Archives de l'Empire*, P 1358², cote 598.) — Dépositions
d'Odard de Cleppé et d'Étienne Chapperon, secrétaire de la duchesse. (P 1358²,
cote 589.)

France[1]. » André rédigea là-dessus un long mémoire, qu'il pria la duchesse de faire parvenir au Roi, et, tandis qu'il s'acheminait vers Florence, le sire de Châtillon, porteur du mémoire, se rendait à la cour de Charles VII avec le sire de Gaucourt et un conseiller du Roi, nommé Girard Blanchet. La Trémouille, alors favori en titre[2], accueillit avec joie cette ouverture. La chose fut délibérée en conseil, et il fut décidé que le sire de Châtillon se rendrait à Florence avec des instructions pour négocier officiellement cette affaire. Ainsi une intrigue, obscure et vulgaire à son début, s'élevait aux proportions d'un concert diplomatique entre deux États souverains.

Au moment où Bartoli se mettait en route pour l'Angleterre, des négociations régulières, ayant trait à l'échange des prisonniers, se trouvaient précisément engagées entre Charles VII et Henri VI par les bons offices de Nicolo Albergati, cardinal de Sainte-Croix, légat en France du pape Eugène et grand ami des Florentins[3]. Il aurait donc semblé naturel que Marie de Berry eût songé à mettre ce cardinal dans sa confidence et à se servir d'un personnage aussi considérable pour peser efficacement sur le gouvernement de Flo-

---

[1] Déposition de Jean Jossart l'aîné, citée précédemment.

[2] Si l'enlèvement de la Trémouille par Richemont est de la fin du mois de juin 1433, la démarche du sire de Châtillon dut précéder de bien peu cet événement. Nous rappelons cette date, qui est celle qu'indique M. Vallet de Viriville (*Histoire de Charles VII*, II, 305), mais en faisant remarquer que les faits racontés ici tendraient plutôt à faire reculer jusqu'au mois de juillet la chute du favori de Charles VII. En outre une dépêche de Hugues de Lannoy, ambassadeur du duc de Bourgogne, dépêche dont il sera parlé plus bas, montre qu'à la date du 18 juillet l'enlèvement de la Trémouille n'était pas encore connu à Lille en Flandre, où la nouvelle d'un événement si important aurait dû promptement parvenir.

[3] C'est celui qui prit une part si active à la paix d'Arras (septembre 1435) et qui obtint dans l'intérêt de la France une consultation favorable des docteurs de Bologne, ses compatriotes, consultation qui leva les derniers scrupules de conscience du duc de Bourgogne.

rence. Mais son aveuglement n'était point dissipé et sa sécurité restait complète. Le légat ayant donc ménagé une conférence qui devait avoir lieu à Calais, Charles VII avait stipulé que les ducs d'Orléans et de Bourbon y assisteraient[1]. Toutefois cette tentative échoua, et le duc d'Orléans prétendit que l'affaire avait manqué par la faute du roi de France. Lui, qui jadis avait donné des marques de fermeté et de patriotisme, il saisit cette occasion de conclure avec le gouvernement anglais un traité plus honteux encore que celui que l'on pouvait reprocher au duc de Bourbon[2]. Par un acte solennel, en date du 14 août 1433 et où il appelle plus de dix fois Henri VI son roi et son souverain seigneur, Charles d'Orléans renonçait absolument à l'obéissance de Charles VII, à qui il ne donnait que le titre de Dauphin. Il se faisait fort d'amener les maisons d'Anjou, de Bourbon, de Bretagne et d'Armagnac à une bonne paix, pour peu qu'on laissât au Dauphin une portion congrue[3]. Il reconnaissait « de bouche, « par écrit et de fait, » Henri VI pour véritable roi de France et d'Angleterre; il se déclarait homme lige et féal sujet de Henri et de ses hoirs « pour vivre et mourir avec eux contre « tout homme pouvant vivre et mourir. » Il s'engageait à pour-

[1] Vers juin 1433. (Cf. Rymer, *Fœdera et convent.* t. IV, part. iv, p. 199.)

[2] Sur l'attitude du duc d'Orléans à cette époque, sur son mécontentement et la persuasion où il était de pouvoir par sa seule présence en France contribuer à la paix générale, on peut consulter une curieuse dépêche de Hugues de Lannoy, ambassadeur de Philippe le Bon en Angleterre, datée de Lille le 18 juillet 1433. On y lit entre autres choses : « Les servi- « teurs du dit duc (d'Orléans) ont dit à moy, « Hue de Lannoy, entre plusieurs paroles « et de leur mouvement, que, si le Daul- « phin et les seigneurs d'autour de lui ne « veuellent entendre à paix et par ce moien « à la délivrance de mon dit seigneur, « pourtant mon dit seigneur d'Orléans n'a « pas entention de soy laissier perdre ne « demourer toujours au point où il est. » (Stevenson, ouvrage cité, p. 231 et suivantes.)

[3] « Dummodo dicto Dalphino de aliqui- « bus terris et dominiis provisio fiat nota- « bilis et honesta. » (Rymer, t. IV, part. iv, p. 197.)

suivre et à punir comme rebelles tous ceux de ses vassaux qui ne prêteraient pas le même serment que lui, à remettre aux Anglais Orléans, Blois, Châteaudun, la Ferté-Milon, qui étaient de son apanage, et à leur faire livrer la Rochelle, le Mont-Saint-Michel, Limoges, Saintes, Bourges, Chinon, Poitiers, Tournay, Tours, Béziers et Loches, qui n'en faisaient point partie. Il promettait d'accepter des fiefs en Angleterre et de servir Henri VI à main armée contre le Dauphin, si celui-ci n'acceptait pas les conditions qui lui seraient faites. Il stipulait la rentrée en grâce de ses amis et sujets; ceux d'entre eux qui auraient perdu leurs terres s'indemniseraient aux dépens des partisans du Dauphin. Enfin il jurait tout cela en parole de prince et sur les Saints Évangiles touchés corporellement[1]. Grâce à ce lâche engagement, les Anglais n'exigeaient plus de lui aucune rançon, du moins il n'en est point question dans ce traité, qui était comme le contre-pied de la dernière convention faite avec le duc de Bourbon. Le duc d'Orléans était contraint de se couvrir d'infamie, mais on le dispensait de fournir de l'argent; le duc Jean avait été taxé à des sommes énormes, mais on l'avait dispensé du déshonneur, et il gagnait encore au marché.

La cour d'Angleterre fit aussitôt expédier des sauf-conduits pour Charles de Bourbon et les autres amis des prisonniers qui voudraient se rendre à Calais. Elle chargea aussi le comte de Suffolk de s'entendre avec le duc d'Orléans pour la plus prompte exécution des engagements que celui-ci venait de prendre avec Henri VI[2]. Mais, du côté des Français, personne ne se présenta; les conférences qui devaient se tenir vers le 15 octobre n'eurent pas lieu, et le duc Jean, s'obstinant tou-

---

[1] Rymer, acte cité.

[2] *Rôles français*, à la date du 15 août

1433. — *Lettres de rois et reines*, t. II, p. 420.

jours à disputer à la captivité les restes d'une vie près de s'é-
teindre, mit son dernier espoir dans le succès de la négociation florentine.

L'homme qu'il attendait arrivait en effet en Angleterre à
petites journées, après avoir fait de longs circuits pour éviter
de traverser des provinces exposées à tous les maux de la guerre,
et après avoir réussi à se débarrasser de son compagnon. Au
lieu d'être défrayé par Bartoli, Polomier s'était vu obligé de
s'équiper à ses propres dépens, et, pour cela, de mettre en
gage ses bijoux et ceux de sa femme. Il faut lire dans sa déposition le récit des artifices du Florentin ou plutôt du *Lombard*,
comme il l'appelle avec mépris. Arrivé à Genève, où Ruccellaï
s'est arrêté, Bartoli se met à ourdir on ne sait quelle trame
avec le duc de Savoie. Déjà il cherche à écarter Polomier,
qu'il considère sans doute comme un surveillant incommode.
A Bâle il prend les devants, emmenant les chevaux et les ba-
gages de son compagnon, qui le rejoint à grand'peine. A Ju-
liers, il cherche à le rebuter par des paroles grossières. Enfin,
à Bruges, il le quitte, en lui disant d'attendre là, et qu'une fois
en Angleterre il lui fera passer un sauf-conduit. On pense
bien que le passe-port n'arriva pas, Bartoli y ayant mis bon
ordre, grâce à un autre Florentin, nommé Lorenzo, qui avait
tout crédit auprès du duc de Bedford. Lassé d'attendre, sans
argent, sans papiers dans un pays ennemi, Polomier parvint
à se faire prêter quelques fonds et regagna Genève, d'où il
écrivit à son frère de prévenir le comte de Clermont de la
conduite suspecte de Bartoli[1].

L'aventurier n'avait point manqué, dans l'intervalle, de
donner de ses nouvelles à la duchesse. Il lui avait dépêché un
messager pour lui dire que le duc, son mari, était relâché,

---

[1] Déposition de Jossart le jeune. (*Archives de l'Empire*, P 1358², cote 598.)

que les Anglais se tenaient pour satisfaits et le voyaient partir
sans regret; qu'il fallait pourtant fournir une somme de 5,000
écus, afin de rembourser de leurs avances ceux qui avaient
été chargés de la garde du prisonnier[1], et trouver en outre
15,000 autres écus pour noliser et équiper le vaisseau qui
devait servir au rapatriement du duc. Bartoli indiquait pour
cela des usuriers de Genève qui feraient les fonds[2]. La pauvre
princesse, n'ayant point d'argent sous la main, se hâta d'envoyer à Genève un précieux reliquaire qu'on appelait *le mont
Calvaire,* et une grande partie de la vaisselle de son fils le
comte de Montpensier, pour emprunter les 5,000 écus sur ce
gage; ce qui lui coûta encore 200 écus en frais de transport
et en droits de commission.

C'était assez d'impudence, et le moment arrivait où l'intrigue allait être découverte. Mais, en même temps, par une
sorte de coïncidence fatale, une révolution s'accomplissait à
Florence et venait donner au nouveau gouvernement un mo-
tif pour désavouer les agents ou soi-disant tels du gouvernement antérieur. Rinaldo degli Albizzi, chef du parti des
« nobili popolani, » opposé à Côme de Médicis, chef du parti
populaire, mettait le nouveau gonfalonier dans ses intérêts,
obtenait la nomination d'une balie et faisait arrêter, puis con-

[1] « Fuit verum quod dicto de Bartho in
« Anglia existente, supervenit quidam nun-
« tius ex parte ipsius ad dictam dominam
« cum certis litteris continentibus *quod do-*
« *minus dux erat expeditus et quod Anglici*
« *erant contenti de ejus recessu,* dum tamen
« satisfactum esset magistro et custodi dicti
« domini de expensa ipsius ducis quæ as-
« cendebat pro tempore præterito ad sum-
« mam quinque millia scutorum auri. »
Déposition d'Odard de Cleppé, P 1358[2],

cote 589. Ce chiffre est même porté à
8,000 écus dans les réclamations adres-
sées par les députés du duc de Bourbon
à la seigneurie de Florence. (Voir la note
suivante.)

[2] « Ut expediret octo millia scutorum pro
« expensis domini ducis ex una parte, et
« quindecim ex alia pro navigio ad transfe-
« rendum ipsum ducem de regno Angliæ
« ad regnum Franciæ. » (*Archives de l'Empire,* P 1358', cote 494.)

damner à l'exil Côme et ses principaux adhérents (septembre-octobre 1433). La cité était encore émue des agitations causées par ce coup d'état, quand le sire de Châtillon arriva à Florence avec les lettres de créance de Charles VII et une mission particulière de la duchesse, qui l'avait chargé de s'entendre avec André pour notifier à la seigneurie le traité passé avec Bartoli; il devait également certifier aux Florentins que le duc, sur le point d'être libre, ratifierait aussitôt après son retour en France la convention faite avec eux. A la première audience, Châtillon reconnut qu'il n'était pas question de subsides à fournir au Roi, que les propositions dont l'initiative avait été attribuée au gouvernement florentin par Ruccellaï étaient une pure invention, et il apprit en même temps que celui-ci, avec sa duplicité habituelle, répandait au contraire le bruit que c'était Charles VII qui s'était mis en tête de reprendre Gênes et de se faire nommer empereur. Ce double jeu donna l'éveil à Châtillon. Les rapports d'un valet, que Bartoli avait dépêché d'Angleterre à son digne associé, achevèrent de le convaincre, et il comprit enfin que lui, la duchesse sa maîtresse, et tous ceux qui avaient pris part à cette affaire, étaient les victimes d'une fraude insigne. Aussitôt il porta plainte : André et son frère furent arrêtés.

Les membres de la seigneurie ne perdirent pas de temps pour informer la duchesse de ce qui venait d'arriver et pour mettre officiellement leur responsabilité à couvert des réclamations qu'ils prévoyaient[1]. Leur lettre était ainsi conçue : « Haute

---

[1] La conduite tenue par Châtillon après l'arrestation d'André fut celle d'un bon serviteur qui, se trouvant pris au dépourvu, sans instructions officielles, voulait au moins réserver l'avenir. « Le sieur « de Chastillon par deux foys en l'audiance « de la seigniorie, en présence de plusieurs « notables gens de la cité, requist et pria « la dite seigniorie au nom de madame la « duchesse qu'il leur pleut antandre en la « dite délivrance, *attendu l'obligation faite* « *par leur procureur et la bonne foy de ma*

et puissante Dame, nous avons découvert une fraude com-
mise par André Ruccellaï, chevalier, dont nous avons éprouvé
une singulière déplaisance, tant au regard de Votre Altesse
qui en a reçu préjudice et dol, qu'au regard de notre propre
État, dont l'honneur n'a pas été médiocrement blessé par de
telles machinations. Naguère le sire de Châtillon et le dit
messire André étant venus vers nous pour traiter avec nous
de la part du seigneur roi de France, le sire de Châtillon
sollicita plusieurs fois ledit André de nous entretenir de votre
besogne, sans que celui-ci y voulût entendre; plusieurs jours se
passèrent ainsi. Enfin le sire de Châtillon nous remit des lettres
de Votre Altesse par lesquelles vous nous adressiez des remer-
cîments de ce qui avait été ordonné par nous pour la délivrance du seigneur duc. De quoi *fort émerveillés comme d'une
chose nouvelle et dont nous entendions parler pour la première fois,*
nous demandâmes aussitôt au sire de Châtillon ce que cela
voulait dire[1]. Alors il nous expliqua la surprenante machina-
tion et l'indigne fourberie de ce chevalier et d'un autre misérable nommé Pierre Maure (il s'agit de Bartoli), qui, feignant
avoir mandement de nous pour le fait de la délivrance de monsieur le duc et après vous avoir extorqué de l'argent au moyen
de cette fraude, est passé en Angleterre; auquel Pierre, personnage très-vil, jamais n'eussions voulu donner commission

« *dite dame,* car autrement s'en ensuivroit
« du mal beaucopt; et à plusieurs partiqu-
« liers en parla le dit sieur bien à plain;
« les quieux disoyent que *pour le présent*
« *ne povoyent en ce rémédier vue la poureté*
« *de la seignourie.* Et aucuns partiquliers
« dirent plusieurs fois au dit de Chastillon
« que vue la bonne foy de Madame, ce ne
« seroit point raison que elle perdist le sien
« *et que en ce se trouveroit bon moyen.* » (Déposition de Jean Jossart l'aîné, P 1358[2].
cote 598.)

[1] « Litteras vestræ sublimitatis tradidit
« per quas nobis gratiæ agebantur de ordi-
« natis per nos circa domini ducis libera-
« tionem. De qua quidem re nova quidem
« nobis ac tunc primum audita admirantes
« statim a domino de Castillione quæsivi-
« mus quid hoc esset. » (Texte latin du do-
cument, P 1358[1], cote 493.)

pour racheter le plus petit château, bien loin de lui confier
l'affaire d'un si grand prince. En apprenant cela, nous avons
fait appeler sur-le-champ ledit André qui, ayant conscience
de son crime, sortit de sa maison par une porte dérobée et
alla se cacher dans le logis d'un religieux. Il y fut découvert
et arrêté avec son frère, que l'on disait complice de la même
fraude. Alors, par plusieurs lettres de ce Pierre, trouvées en
même temps, et par la propre confession dudit André, nous
avons clairement compris tout l'artifice et reconnu par quels
moyens il avait induit Votre Altesse en erreur. Aussi cour-
roucés de tout cela que le sera Votre Altesse elle-même, nous
faisons garder ledit chevalier en prison pour le punir d'une
peine proportionnée à son crime, et nous avons écrit aussitôt
en Angleterre pour que ce misérable, qui se donne faussement
pour notre procureur et mandataire, soit arrêté et que sa
fraude soit démasquée. Nous sommes bien dolents de rencon-
trer une pareille perversité, et surtout de voir qu'elle se soit
exercée au détriment de Votre Altesse, que nous voudrions
honorer et servir en toutes choses. Donné à Florence, le
8 décembre 1433. — Les prieurs des arts et le gonfalonier
de justice du peuple et du commun de Florence[1]. »

Les membres de la seigneurie étaient mal fondés à dire
qu'ils n'avaient jamais entendu parler de négociations relatives à la délivrance du duc. Si nous nous en rapportons à la
déposition, ou plutôt à la confession de Ruccellaï au moment
de son emprisonnement, voici comment les choses se seraient
passées dès le début de l'affaire. Les Dix de balie lui auraient
demandé copie des propositions faites par la duchesse et
l'auraient chargé « de suivre cette besogne » et de les tenir au
courant, « mais sans lui bailler sur ce aucune commission ni

<hr>

[1] *Archives de l'Empire.* P 1358[1], cote 493.

« pouvoir, » en ajoutant qu'après plus ample informé ils pren-
draient un parti. Ruccellaï déclarait qu'après son retour auprès
de la duchesse il lui avait donné à entendre que les Florentins
payeraient la rançon du duc dans un délai de quatre mois, avant
même que la duchesse fût tenue d'accomplir les promesses de
secours contenues dans le projet de traité, tandis qu'il avait
fait comprendre tout le contraire aux Dix de balie, leur insi-
nuant que la duchesse accomplirait toutes ses promesses avant
que les Florentins fussent tenus d'avancer un seul denier
pour la rançon. Il déclarait encore qu'il avait envoyé son fils
avec une missive adressée aux dix bourgeois de la pratique de
la guerre, pour leur annoncer qu'il s'occupait de convertir en
traité régulier les articles préliminaires dont il leur avait laissé
copie; que les Dix, par lettres closes remises à son fils, lui
avaient répondu qu'il savait bien n'avoir d'eux ni commission
ni pouvoir de traiter en leur nom, ou de rien conclure en cette
affaire; que d'ailleurs, depuis son départ de Florence, la paix
avait été faite avec le duc de Milan [1], et que la seigneurie ne
voulait pas qu'il procédât plus avant. Il convenait que, non-
obstant cette lettre, lui et Bartoli avaient passé outre à la conclusion du traité, en se servant d'une procuration périmée
pour engager la responsabilité de la seigneurie; que Bartoli
en particulier avait promis de passer en Angleterre et là
d'obliger la seigneurie envers ceux qui détenaient le duc
prisonnier au payement, dans un délai de quatre mois, de
150,000 écus, ou du moins de telle somme dont on tomberait
d'accord. A la fin de sa confession, Ruccellaï alléguait les
belles excuses que voici : il avouait « qu'il avoit fait, consenti
« et procuré aux choses dessus dictes afin d'avoir des biens de
« mon dict seigneur le duc et qu'il fust récompensé d'aucuns

[1] Il s'agit ici de la paix dite *de Ferrare* conclue avec Visconti le 26 avril 1433.

« offices et d'autres biens. Et aussi l'avoit fait pour charité et pour
« la bonne amour qu'il avoit à mon dict seigneur le duc, et ne
« cuidoit pas que la dicte communaulté de Fleurence souffrist
« ne supportast aucun dommage pour les choses dessus dictes,
« ni qu'il convenist qu'elle deust payer aucune chose de la dicte
« rançon. Ainçois estoit son entencion que incontinent après la
« délivrance de mon dict seigneur et lui redduit en ses pays et
« en sa liberté et franchise, que ses hommes et subjetz dedans
« deux ou troys mois paieroient toute la dicte rançon sans au-
« cune difficulté, sans avoir sur ce aucun aide de la dicte commu-
« naulté de Fleurence[1]. » Pour de si rusés fripons, c'était la plus
niaise combinaison qu'on pût imaginer, car les Anglais étaient
trop âpres pour lâcher leur captif avant d'avoir la garantie
d'être exactement payés à l'échéance, et les banquiers florentins de Londres étaient trop prudents pour donner leurs signatures sans s'être assurés de l'acceptation de leur gouvernement.

Ce qui importe à l'histoire, ce serait de savoir au juste
quelle part revient à la seigneurie dans toute cette intrigue ;
malheureusement sur ce point la confession de Ruccellaï nous
paraît être encore une imposture. Se voyant pris, il n'hésite
pas à s'accuser lui-même et à aggraver volontairement ses
torts pour diminuer d'autant la responsabilité collective des
Florentins, ou du moins celle du parti puissant qui était
précédemment à la tête des affaires et qui pouvait d'un jour
à l'autre ressaisir les rênes de l'État. Nous ne croyons pas en
effet à l'existence de la lettre par laquelle les Dix de balie
auraient défendu à Ruccellaï de pousser l'affaire plus avant.
Quand plus tard, après le retour triomphant de Côme de Médicis, ces magistrats furent interrogés sur la part qu'ils avaient
pu prendre au traité de 1433, jamais ils n'invoquèrent cette

[1] Interrogatoire de Ruccellaï, *Archives de l'Empire*, P 1358', cote 494.

Rançon du duc de Bourbon.   6 prétendue lettre, qui ne fut point produite au procès et qui pourtant les eût complétement déchargés. En revanche les députés du duc de Bourbon affirmèrent qu'on avait trouvé dans une boîte saisie sur Ruccellaï une lettre adressée par les Dix à cet agent, par laquelle ils s'étonnaient de son silence et le pressaient de conclure l'affaire, affirmation à laquelle les Dix opposèrent un démenti pur et simple[1]. Mais peut-être aussi faut-il supposer que cette dernière pièce avait été fabriquée par Ruccellaï dans l'intention de s'en servir auprès de la duchesse, si celle-ci, malgré son aveuglement, se fût alors avisée de concevoir quelque soupçon.

Quoi qu'il en soit, Marie de Berry éprouva un chagrin profond d'avoir été si indignement trompée, et sa douleur s'accrut encore lorsqu'elle apprit la mort de l'époux à la délivrance duquel elle s'était vouée, pour qui elle s'était engagée dans des démarches si inconsidérées et si coûteuses. Pendant que Bartoli jouait à Londres son rôle d'*entrepreneur de rançons*, qu'il abusait le conseil d'Angleterre et se faisait délivrer un sauf-conduit pour retourner sur le continent et y resserrer le nœud de ses intrigues[2], le duc Jean achevait tristement de

[1] « Dicti domini de baillivia . . . eidem « Andreæ scripserunt in effectu per certum « monachum ordinis Sancti Benedicti quod « mirabantur quod non scripsisset eis, *quod-* « *que festinaret expedire negotium.* Quæ littera « fuit reperta in sua pixide iu die suæ cap- « tionis in præsenti civitate.—Ipsi hoc nega- « verunt simpliciter. » *Premières réclamations* du duc Charles avec les réponses des Dix. (*Arch. de l'Empire*, P 1358¹, cote 494.)

[2] « *Item* que cependant est venu Pierre « de Barthou de Angleterre, où il a aussi « bien abusé le conseil des Angloys, ainsy « que vous povez savoir par le barbier de « monsieur de Bourbon (que Dieux ait) qui « en parle bien largement. » *Déposition de* Jean Jossart le jenne. — « Salvus conduc- « tus pro Petro Bartholo de Italia versus « quascumque partes sibi placuerit trans- « eundo *ad prosequendum ibidem pro delibe-* « *ratione diversorum prisonariorum.* » (*Rôles français*, p. 280.) Ce sauf-conduit est daté du 16 décembre 1433, ce qui prouve que l'ordre d'arrestation envoyé de Florence n'était point à cette date parvenu en Angleterre. Au reste Bartoli ne se croyait pas menacé, puisqu'il reparut bientôt après à Lyon.

mourir dans le dénûment et l'abandon, n'ayant auprès de lui que son barbier Perrinel, fidèle compagnon de ses derniers jours. Aigri par l'infortune, il gardait toujours rancune à ses proches, et un vif sentiment d'amertume se manifeste dans son testament, qui a surtout pour objet de recommander à sa femme et à son fils le payement de ses dettes. Il insiste par deux fois sur cette recommandation et dans les termes les plus pressants, « si chier que amez et voulez le bien, alègement « et salvacion de mon âme et que en voulez répondre devant « Dieu, » comme s'il pensait avoir besoin de stimuler leur zèle à remplir des obligations où son salut éternel est engagé. Quant au traité conclu en 1430 avec le roi d'Angleterre pour sa rançon, il n'en parle point, sa mort prochaine va le rendre inutile. Ce traité a reçu pourtant un commencement d'exécution. Par suite du trafic des prisonniers, qui était chose si commune au xve siècle, Jean de Sommerset a été racheté pour le compte du duc. On le garde en France. Le moribond veut au moins faire un heureux et contribuer à la délivrance de son beau-fils, le comte d'Eu, comme lui détenu depuis la journée d'Azincourt[1]. Sa dernière volonté est que la somme à laquelle a été estimé Sommerset soit convertie au profit du comte d'Eu, et que celui-ci puisse enfin revoir sa famille et sa patrie[2].

Le testament fut rédigé probablement à la fin de décembre 1433[3], et le duc expira quelques jours après, le 5 janvier sui-

---

[1] Charles, comte d'Eu, était né en 1393 du premier mariage de Marie de Berry avec Philippe d'Artois, comte d'Eu, et il se trouvait par conséquent le beau-fils du duc Jean.

[2] Malgré les bonnes intentions du duc, l'échange du comte d'Eu contre Sommerset n'eut lieu qu'au mois d'avril 1438. (Cf. Rymer, *Fœdera*, t. V, p. 38, 44, 51.)

[3] Nous disons *probablement*, car la date réelle est assez difficile à déterminer. La pièce, que nous connaissons seulement par un *vidimus* du 21 avril 1434, est datée du pénultième *janvier* 1433. Or ce ne peut

vant[1]. Sa mort fit peu de bruit; cependant sa longue captivité avait fait oublier les folies de sa jeunesse et les faiblesses de son âge mûr. On ne se souvenait plus que de sa valeur aventureuse; il était devenu comme un personnage légendaire dont la poésie s'empara, et il resta longtemps le héros d'une complainte populaire dont plusieurs couplets nous ont été conservés. Les deux premiers peignent assez bien le sentiment public et l'irritation causée par la conduite de l'Angleterre :

> Pour mon prince, seigneur très-redoubté,
> Jean le Vaillant, noble duc de Bourbon,
> Suis en douleur et en couroux bouté
> Et m'est advis que j'ay bonne raison,
> Quand j'aperçoy que par grant dezraison
> Les faux Angloys par leur grant tyranie,
> Après qu'on eut de sa rançon partie,
> Dix et huit ans en prison bien gardée
> Tant l'ont tenu qu'il a rendu la vie.
> En paradix soit son âme logée.
>
> Il m'est advis que c'est grande pitié
> Qu'ainsy soit mort, jeune[2], vaillant et bon.
> S'à Dieu eut pleu[3] que l'en l'eut délivré,
> D'aucun mondain n'eut eu nul plus grant nom.

être le 30 janvier 1434 (nouv. st.), puisque nous savons par des preuves irrécusables que le duc était mort dès le 5 janvier de cette année. D'autre part, pour faire remonter le testament au 30 janvier 1433 suivant notre manière de compter, il faudrait supposer que le rédacteur français de cet acte aurait adopté le système anglais, qui faisait commencer l'année à Noël. Peut-être, par une inadvertance dont on a plus d'un exemple, aura-t-il écrit *janvier* au lieu de *décembre*, en pensant au nouveau mois qui allait commencer; car les faits montrent que le testament dut être dicté très-peu de temps avant la mort.

[1] « Quinto die januarii, anno regni nostri « duodecimo, quo die præfatus Johannes « obiit. » (Lettre de Henri VI dans Rymer, t. V. p. 15.) La nouvelle de la mort du duc était parvenue à la cour de Charles VII dès le courant de janvier; l'acte qui investit Charles de Bourbon de l'office de grand chambrier, vacant par le décès de son père, est du 25 de ce mois. (*Inventaire de Dargillière*, fol. 316.)

[2] Ceci peut s'appeler une licence poétique; car le duc Jean, né au mois de mars 1381, avait près de cinquante-trois ans quand il mourut.

[3] C'est-à-dire : s'il eût plu à Dieu.

Il eut au roy esté tel champion
Que recouvré luy eut sa seigneurie.
Bien l'ont pensé Angloys, race maudie;
Pour ce y ont provision donnée,
Sy que de luy crainte leur est faillie.
En paradix soit son âme logée [1].

Lorsque la nouvelle de la mort du duc fut arrivée en France, Charles VII, par une lettre datée de Bourges le 12 février 1434, ordonna aux sénéchaux de Toulouse, de Carcassonne et de Beaucaire et à tous ses autres officiers, de faire lever au profit du nouveau duc de Bourbon, Charles, tout ce qui restait dû sur les sommes jadis octroyées à Jean pour sa rançon. La levée devait être faite tant sur les sujets du duc que sur les sujets directs du Roi en Languedoc et ailleurs. « Lesquels porroient faire difficulté ou reffus de paier les « sommes que ilz doivent de reste des diz dons et octroys, et « toutevoies grant partie de la dite finance et rançon estoit jà « paiée avant la mort du dit feu nostre cousin, dont il a convenu « vendre et engager plusieurs de ses terres et possessions, « joiaux et bagues. » Aussi le Roi déclarait-il que ce reliquat serait exclusivement employé à l'acquit des dettes laissées par le duc [2]. Le même jour Henri VI délivrait, de son côté, un sauf-conduit à Pierre le Boulanger, qui se rendait en France auprès de la duchesse pour recueillir les sommes dues aux créanciers, et le conseil d'Angleterre permettait à Thomas Cumberworth, chevalier, jadis chargé de la garde du duc, de distribuer à l'église des Cordeliers et aux serviteurs du défunt les biens mobiliers qu'il pouvait laisser [3]. Nous ne trouvons

[1] Pièce citée par M. Aug. Bernard, *Hist. du Forez*, t. II, p. 48. Elle est transcrite sur un ancien registre des chartes de communes qui se trouve aujourd'hui à la bibliothèque de Moulins.

[2] *Arch. de l'Empire*, P 1377[1], cote 2862.

[3] Mais avec cette réserve : « talia qualia « discretioni suæ videbitur faciendum. » (Rymer, *Fœdera*, t. V, part. 1, 3.)

pas néanmoins la preuve que les legs aient été acquittés ni
toutes les dettes payées exactement; car, le 8 février 1435,
Henri VI assignait à ce même Thomas Cumberworth divers
revenus à percevoir pendant sept ans sur les domaines de
la couronne, en dédommagement des avances montant à
173 livres 10 sols 6 deniers, qu'il avait faites pour l'entretien
journalier du feu duc [1].

Il est donc peu probable que le duc Charles ait employé à
l'acquit des obligations contractées par son père l'argent que
la libéralité de Charles VII mettait à sa disposition [2]. Peut-être
cette rentrée fut-elle très-difficile; peut-être aussi se propo-
sait-il d'exercer à cette fin son recours contre la république
de Florence. Toutefois l'année 1434 se passa tout entière
sans aucune réclamation de sa part, soit qu'il craignît de renouveler la douleur de la duchesse, sa mère, en réveillant le
souvenir des intrigues dont elle s'était trouvée la victime, soit
plutôt qu'il n'espérât rien obtenir du gouvernement des Albizzi. Ce fut seulement six mois après la mort de Marie de
Bérry [3] et quelque temps après le retour de Côme de Médicis
à Florence [4], c'est-à-dire vers le mois de janvier 1435, qu'il
chargea le sire de Châtillon et Gilbert Vigier de présenter ses
réclamations à la seigneurie et de demander le remboursement des sommes remises par la duchesse à Ruccellaï et à

[1] Rymer, V, 15. — *Lettres de rois et
reines,* II, 421.

[2] Du moins en ce qui touche les procurations données par le duc Jean pendant sa captivité, le duc Charles soutint
toujours qu'elles n'étaient point valables,
dès qu'elles étaient produites dans des
procès soutenus contre lui. Il invoqua cette
fin de non-recevoir, notamment dans son
procès avec son frère, le comte de Mont-

pensier, au sujet du règlement de l'apanage
de ce dernier. (*Arch. de l'Emp.* P 1367¹,
cote 1548.)

[3] Cette princesse mourut à Lyon en
juin 1434.

[4] Côme, rappelé à la suite du mouvement qui renversa Rinaldo degli Albizzi
et ses adhérents, rentra à Florence au
mois d'octobre 1434.

Bartoli. Florence était dans un moment de calme relatif; le parti populaire était mieux disposé pour la France que le parti aristocratique; Côme passait pour être prêt à appuyer libéralement toutes les mesures généreuses, et Florence, alors en guerre avec le duc de Milan, devait chercher à se ménager des amis à l'étranger. Néanmoins le nouveau gouvernement se montra fort récalcitrant. Le débat porté diplomatiquement devant les Huit de pratique roula d'abord sur la validité de la procuration du 14 février 1432. Les Florentins disaient que cette procuration, émanant des Dix de balie, dont les pouvoirs ne duraient que six mois, se trouvait depuis longtemps périmée au moment du traité du 26 mai 1433; que d'ailleurs, à l'époque où elle avait été expédiée, elle ne devait servir que pour des négociations relatives au recouvrement de la ville de Lucques; que subsidiairement Bartoli avait été banni de Florence quelque temps avant la conclusion du traité où il avait été partie comme procureur substitué; que par conséquent il avait perdu ses droits civils et la capacité de contracter. A quoi les députés du duc de Bourbon répliquaient, non sans raison, que la procuration produite à Lyon ne contenait point l'indication d'un objet déterminé, ni d'un terme fixe auquel elle dût expirer; qu'on ne trouvait pas qu'aucune révocation de cette pièce eût été faite au moment du traité ni depuis; que la duchesse et tous ceux qui demeuraient en deçà des Alpes avaient eu et avaient pu avoir juste et légitime cause d'ignorer pour combien de temps les Dix de balie sont institués dans leur office, et que cette excuse ne dégageait pas la responsabilité de la seigneurie. Ils ajoutaient que ces agents qu'on désavouait aujourd'hui, Ruccellaï tout au moins, avaient eu l'approbation du gouvernement d'alors; que la seigneurie était tenue de rembourser

les sommes touchées par eux, montant à 12,000 écus environ,
dont Ruccellaï avouait en avoir reçu 3,500 pour sa part, sans
parler de l'argent envoyé en Angleterre; que le duc avait
même droit à des dommages et intérêts qui pourraient être
estimés par quelques notables citoyens de la ville. Mais les Huit,
déclinant toute espèce de solidarité dans cette affaire, consentaient seulement à rendre une somme de 1,100 écus saisie entre
les mains de Ruccellaï, et pour le surplus offraient de s'en remettre au jugement du pape, du collége des cardinaux et de
l'université de Bologne. Vainement les députés essayèrent de
les toucher en disant que le duc et la duchesse étaient morts
de chagrin d'avoir été trompés par le procureur de la seigneurie; les Florentins répondirent qu'ils en étaient bien dolents,
mais qu'ils ne pouvaient faire autre chose que de punir André
et son frère et aussi Bartoli, si l'on parvenait à le saisir [1].

Jossart et Vigïer, n'étant pas munis de pouvoirs suffisants
pour discuter les contre-propositions qui leur étaient faites,
revinrent à Moulins, où le duc leur donna le 27 juin deux
procurations en forme, l'une qui les chargeait de recouvrer
pour lui non-seulement les sommes remises aux deux fourbes,
mais encore les pertes et dommages que sa famille avait
éprouvés; l'autre qui leur donnait la faculté de transiger avec
le gouvernement florentin, et au besoin d'exercer une action
légale soit contre le gouvernement, soit contre toute personne
qui serait jugée responsable [2]. En outre, une information fut

<hr>

[1] *Arch. de l'Emp.* P 1358[1], cote 494.

[2] *Arch. de l'Emp.* P 1358[1 et 2], cotes 491
et 577. Le premier de ces exemplaires porte
cette clause expresse : « Nous voulons re-
« couvrer icelles sommes et aussi les pertes,
« dommages et despens dessus dits; » l'autre
« se borne à dire : « Pour mettre fin et ap-
« poinctement sur ces choses et au regard
« d'icelles, lesquelles nous appartiennent
« comme fils et hérilier, etc. et pour recou-
« vrer tout ce qui en a été prins, receu,
« emporté et despencé où que soient, tant
« devers les dits de Florence, leur justice
« et seigneurie cor̃ ne autre part. »

dressée par-devant un notaire de Moulins qui reçut les dépositions d'Odard de Cleppé et d'Étienne Chapperon, lesquels
avaient assisté à la plupart des arrangements pris par la duchesse Marie avec les deux Italiens. Cette information avait
pour objet d'ajouter du poids aux témoignages des deux frères
Jossart qu'on pouvait suspecter d'animosité, puisqu'ils avaient
personnellement à se plaindre l'un de Ruccellaï, l'autre de
Bartoli. Des instructions furent remises aux deux fondés de
pouvoir auxquels était adjoint le héraut Bourbon. Ils devaient
se mettre en rapport avec M᷎ Jean de La Grange, trésorier de
l'église d'Angers, alors chargé des intérêts du duc de Bourbon
auprès du pape Eugène à Florence. Outre la question d'argent
proprement dite, ils avaient encore à solliciter une réparation pour le tort moral que la conduite des procureurs de la
seigneurie avait causé à la maison de Bourbon, d'une part
en portant au comble l'irritation des Anglais, qui se figuraient
qu'on avait voulu se jouer d'eux, d'autre part en plongeant le
duc et la duchesse dans une douleur qui avait avancé la fin
de leurs jours. Au fond, le duc Charles ne voulait que rentrer
en possession des sommes avancées par sa mère, et il ne songeait pas à intenter des poursuites sérieuses contre le gouvernement florentin [1].

Quand les procureurs du duc présentèrent une seconde
fois leur requête à la seigneurie, celle-ci ne put déguiser la
mauvaise humeur que lui causait cette désagréable affaire,
qui reparaissait au moment même où Florence venait de conclure de nouveau la paix avec le duc de Milan [2]. Les prieurs des
arts et le gonfalonier, se croyant désormais tenus à moins de

---

[1] « Et sans mettre le fait en rigueur en
« tière, » est-il dit dans la minute de ces
instructions. (*Arch. de l'Emp.* P 1359¹,
cote 668.) — [2] La guerre reprise avec
Visconti en janvier 1434 se termina le
10 août 1435.

ménagements, au lieu de donner audience aux députés, se bornèrent à déléguer pour les entendre un docteur ès lois, nommé Julien Davanzati. Jean de La Grange, le lettré de la députation, assisté d'un autre lettré, Jean d'Étampes, trésorier de la collégiale de Saint-Hilaire de Poitiers, porta la parole au nom du duc et exposa longuement tous les sujets de plainte que nous connaissons déjà. Davanzati répondit qu'il offrait de remettre aux députés les sommes trouvées chez André et François Ruccellaï, et même les personnes de ces deux coupables pour en faire justice, mais à la condition que les députés donneraient à la seigneurie une quittance générale de toute autre réclamation pécuniaire; si le duc prétendait que la république fût obligée à quelque chose de plus envers lui, la seigneurie consentait à s'en remettre sur ce point au jugement d'hommes habiles de la cour romaine[1]. Les députés répliquèrent qu'ils demandaient, non-seulement la restitution des sommes saisies sur André, mais aussi de toutes celles que lui et son frère avouaient avoir reçues de la duchesse, et que, comme il était établi par inventaire que Ruccellaï et Bartoli n'avaient pas de biens personnels, c'était à la seigneurie à en tenir compte au duc; que celui-ci au reste se prêterait, quant à l'estimation de la somme, à tout accommodement raisonnable, « et ne s'écarterait pas des « limites de la justice. » Davanzati refusa d'accueillir cette ouverture; il persista dans sa réponse, et, comme les députés voulaient être introduits dans la salle des délibérations de la seigneurie pour être assurés que c'était bien là le dernier mot du gouvernement florentin, on se borna à leur faire attester la vérité du fait par un notaire. Alors les députés firent

---

[1] « Offerebat super hoc stare judicio « peritorum in curia Romana, et quod sic « per ipsum dominium fuerat delibera- « tum. » (*Arch. de l'Emp.* P 1358², cote 580.)

rédiger par-devant témoins, sous forme de protestation, en faveur des droits de leur maître, le procès-verbal de ce qui venait de se passer (31 août 1435) [1]. De leur côté, le 20 septembre suivant, les prieurs et le gonfalonier firent constater par un acte public qu'ils avaient offert de procéder à toutes poursuites que de droit contre les personnes et les biens des frères André et Guelfo Ruccellaï, détenus dans les prisons de Florence, mais que la commune n'était tenue à aucune autre obligation envers la maison de Bourbon [2].

Le mauvais succès de cette démarche solennelle n'avait rien d'encourageant. Néanmoins le duc Charles, vers la fin de cette même année, voulut faire encore une tentative. Il renvoya une troisième fois Vigier à Florence pour renouveler, de concert avec Jean de La Grange, ses inutiles réclamations. La dépêche suivante, adressée par La Grange au duc, à la date du 17 février 1436, va nous en apprendre le résultat : c'est encore un refus, mais atténué cette fois par des protestations polies :

« Vous plaise savoir, mon très-redoubté et souverain seigneur,
« que j'ay esté avecques Gilbert Vigier à la seigneurie de ceste
« commune de Florence à la présentation de vos lectres, et
« fusmes receuz grandement et honorablement par les seigneurs
« du palais de la dite seigneurie pour l'onnour de Vostre Sei-
« gneurie. Et par devant eulx proposay au long vostre péticion
« selon le contenu en la coppie de la lettre adressant à la dite
« seigneurie. Lesquels en la dicte audiance par le premier
« seigneur d'iceulx nous firent response verballe, comme ilz
« la vous mandent par escript, et comme ilz dient, messire
« André de Roucelay et Pierres Berthelot jamaiz n'eurent pro-
« curation d'eulx, et que, si aucune en avoient monstrée, elle

---

[1] *Arch. de l'Emp.* P 1358², cote 580. — [2] Minute sur parchemin non signée. (*Arch. de l'Emp.* P. 1358², cote 492.)

« estoit faulce, et que le dit messire André avoit conspiré la
« faulceté; à laquelle occasion eust esté condampné à perdre la
« teste, si ne fust pour vous faire tousdis tesmoignages par sa
« voix de sa faulceté; et à ceste occasion fut advisé qu'il fust
« condampné à vivre et mourir en prison à vostre voulloir, et
« pour ce que son frère en avoit sceu aucune chose, aussi y est
« condampné avecques lui. Et se sont offers entre autres choses
« de mander à Vostre Seigneurie les dits malfaicteurs avecques
« leurs procès; le dit Pierres Berthelot par devant ses déceptions
« commises et depuis continuellement a esté et est bannyz hors
« de ceste seigneurie par ses desmérites et demeure aux sei-
« gneuries du duc de Milan [1]. Je me suys enquis si les dicts mal-
« faicteurs auroient aucuns biens immeubles en ceste cité et sei-
« gneurie, et est trouvé que non. Le dit de Roucelay a de bons
« parens en ceste cité [2] et me suis essayé s'ilz vouldroient rien
« composer pour lui; mais en vérité je ne treuve homme qui
« pour lui voulsist dispendre un florin. Le dit messire André, au
« temps qu'il fut prins, avoit avecques lui environ MCCC escuz et
« royaux qui sont enregistrez ès registres de la seigneurie. Je me
« suys pourforcé de tout mon povoir apart environ ceulx de la
« dite seigneurie, de les induire à aucune composition à vous ag-
« gréable pour entretenir les amictances; en quoy n'ay aperceu
« aucun fondement ne ny ay peu à prouffiter, mais que bien

---

[1] A son retour d'Angleterre, Bartoli
avait reparu à Lyon. Polomier, averti de
sa venue, se rendit à son hôtellerie, fit
saisir ses chevaux, l'accabla d'injures et
le battit outrageusement. Avec son impudence ordinaire, Bartoli, invoquant les
sauf-conduits dont il était porteur, alla se
plaindre au sénéchal de Lyon, qui, n'ayant
pas l'ordre de l'arrêter, le laissa partir.
(*Arch. de l'Emp.* P 1358², cote 598.)

[2] Un Paolo Ruccellai figure dans la nouvelle révolution qui avait ramené Côme de
Médicis en 1434. (Cf. Ammirato, *Istorie
fiorentine*, t. II, p. 1100, édit. de 1647.)
C'était un personnage considérable, car il
fit deux fois partie des Dix de balie en 1423
et en 1430, et il exerça aussi les fonctions
de gonfalonier de justice et de capitaine
des galères. (*Ibidem*, p. 1008, 1043,
1070.)

« dient qu'ilz sont très-affectionnez et dévoz à vostre seigneurie,
« comme ont esté leurs prédécesseurs à l'hostel de France et à
« tous les princes du dit hostel. Par vérité, longtemps a, j'ay
« participé avecques eulx et tousdis les ay tieulx congneuz.
« Veue leur lettre, ce que vous plaira moy en commander,
« j'en feray de tout mon pouvoir[1]. »

C'était dire assez clairement qu'il n'y avait plus aucune démarche à tenter, et en effet le duc Charles se tint pour battu, sinon pour content; du moins nous n'avons plus trouvé aucune trace de négociations à ce sujet, et le duc jugea même indigne de lui de retirer des mains des Florentins la faible somme que Ruccellaï n'avait pas eu le temps de dissiper. C'eût été dégager trop aisément la seigneurie d'une responsabilité qu'elle pouvait décliner en droit strict, mais que l'équité lui faisait un devoir d'assumer, au moins dans une proportion raisonnable.

Ici se termine l'histoire de la rançon du duc Jean, histoire lamentable par les misères qu'elle nous a révélées, plus déplorable encore à nos yeux par les actes de faiblesse, de cupidité, de mauvaise foi qui en ont marqué les diverses péripéties. En cherchant dans ce récit à présenter sous leur vrai jour des faits que personne jusqu'ici n'avait étudiés, nous avons aussi voulu rectifier sur ce point les erreurs ou les exagérations de la plupart des historiens, et même des prudents auteurs de l'*Art de vérifier les dates*[2]. M. Michelet a dit avec une énergique

---

[1] Dépêche autographe. (*Arch. de l'Emp.* P 1358¹, cote 494.)

[2] Voici le passage : « La rançon du duc « de Bourbon au bout d'un an fut fixée à « 100,000 écus. *Il la paya jusqu'à trois fois,* « sans pouvoir obtenir sa liberté. Vaincu à « la fin par l'ennui, non-seulement il offrit « *de payer une quatrième rançon,* non-seu- « lement il consentit à livrer aux Anglais les « principales places de ses domaines, mais « il eut encore la faiblesse de reconnaître « Henri VI pour son légitime souverain. « Heureusement le traité qu'il fit à ce sujet « n'eut point lieu par le refus que fit le « comte de Clermont, son fils, de le ratifier. « Le duc resta dans les liens avec la honte « d'avoir voulu les rompre par une infa- « mie. » (T. II, p. 417, édition de 1784.)

concision : « Le duc de Bourbon mourut en prison, sans
« pouvoir se racheter jamais ni par argent ni par bassesse [1]. »
Les documents que nous avons produits confirment l'exacti-
tude de cette appréciation sommaire. Ce texte pourtant avait
besoin d'un commentaire; nous espérons qu'on l'aura trouvé
dans les pages qui précèdent. En face des laideurs morales
dont il nous fallait soulever le voile, nous nous sommes
attaché à ne rien forcer, mais aussi à ne déguiser rien. La
vérité se suffit à elle-même. Simplement exposée, elle rayonne
encore d'un éclat assez vif pour prêter quelque chose de sa
chaleur et de sa lumière à cet épisode ignoré d'une des époques
les plus sombres de nos annales.

NOTE SUPPLÉMENTAIRE.

Une publication récente qui nous a été signalée au dernier moment,
l'*Histoire des ducs de Bourbon et des comtes de Forez*, de Jean-Marie de la Mure,

Désormeaux, membre de l'Académie des inscriptions et belles-lettres, dans son *Histoire de la maison de Bourbon*, publiée en 1772, s'exprime à peu près de la même manière (t. I, p. 447, 448). Coiffier-Demoret, *Hist. du Bourbonnais*, I, 279 (1814) dit aussi: « Soit de contributions volontaires « de ses vassaux, soit de la vente de quel-« ques domaines, on lui fit passer *trois fois* « *100,000 écus chaque fois.* » — Dans un autre sens M. Aug. Bernard n'est pas beaucoup plus exactement informé. « Les An-« glais, dit-il, n'avaient pas voulu relâcher « Jean, *quelque prix qu'on leur eût offert,* » et il ajoute en note: « Les Anglais avaient reçu « une partie de la rançon qu'ils gardèrent, « *sans vouloir accepter le reste.* » (*Hist. du Forez*, t. II, p. 47, 48.) Le point de départ de cette dernière assertion paraît être un acte authentique de Louis XII, en date de 1501, où on lit : « Le duc Jehan de « Bourbon, prins et mené prisonnier en « Angleterre où il alla de vie à décès, ne « peut estre délivré *pour quelque rançon* « *qu'il payast,* cognoissant lesdiz Angloys la « grande affection qu'il avoit à la couronne « de France. » C'est là la version officielle, à soixante-cinq ans de distance; mais on a pu voir combien il en faut rabattre.

[1] *Hist. de France,* t. V, p. 197.

publiée par M. de Chantelauze (Lyon, 1868), renferme sur la captivité et
la mort du duc Jean Ier quelques notes communiquées par feu Vallet de
Viriville. (Voir le tome II de cet ouvrage, p. 131 et 151.) Dans ces notes,
le consciencieux historien, dont la mort prématurée est une perte pour
l'érudition, a essayé avec un zèle louable d'éclaircir le sujet obscur sur lequel il était consulté, en s'aidant, comme nous l'avons fait nous-même, des
documents conservés aux Archives de l'Empire. Mais il nous paraît ne s'être
servi que de l'inventaire fort insuffisant de Luillier, sans avoir recouru di-
rectement aux pièces; en outre toute la partie relative aux négociations avec
Florence est entièrement passée sous silence. Nous n'avons donc rien eu à
changer ni à ajouter à notre travail, qui est resté tel qu'il avait été lu devant l'Académie des inscriptions et belles-lettres au mois d'août 1866.
Néanmoins, ce que nous avons dit et ce qui était vrai alors, à savoir que
personne jusqu'ici n'avait étudié les faits dont nous cherchions à rendre compte,
doit être modifié dans la mesure que nous venons d'indiquer. Parmi tous
ceux qui ont parlé du sujet auquel nous avons cru devoir consacrer une
dissertation spéciale, Vallet de Viriville est le seul qui ait eu l'idée de l'*étu-
dier* en recherchant les sources, et nous sommes heureux d'avoir l'occasion de lui rendre cette justice posthume.

www.ingramcontent.com/pod-product-compliance
Ingram Content Group UK Ltd.
Pitfield, Milton Keynes, MK11 3LW, UK
UKHW022150070726
13613UKWH00003B/1463